JERUSALEM
THE STORY OF A GREAT CITY

一座伟大的城市

耶路撒冷

被揉碎的世界中心

Joseph Millis

[以] 约瑟夫·米利斯 著

张腾欢 译

湖南人民出版社·长沙

JERUSALEM:THE STORY OF A GREAT CITY By JOSEPH MILLIS

Copyright: © 2015 BY Joseph Mills

This edition arranged with Welbeck Non-Fiction Limited

through BIG APPLE AGENCY, INC., LABUAN, MALAYSIA.

Simplified Chinese edition copyright:

2023 Beijing Xinchang Cultural Media Co., Ltd.

All rights reserved.

图书在版编目（CIP）数据

耶路撒冷：一座伟大的城市 / （以）约瑟夫·米利斯 (Joseph Millis) 著；张腾欢译. —长沙：湖南人民出版社，2023.9

ISBN 978-7-5561-3202-7

Ⅰ. ①耶…　Ⅱ. ①约…②张…　Ⅲ. ①城市史—耶路撒冷　Ⅳ. ①K938.2

中国国家版本馆CIP数据核字（2023）第039988号

耶路撒冷：一座伟大的城市
YELUSALENG: YIZUO WEIDA DE CHENGSHI

著　　者：[以] 约瑟夫·米利斯
译　　者：张腾欢
出版统筹：陈　实
监　　制：傅钦伟
产品经理：王思桐
责任编辑：李思远　田　野
责任校对：欧家作
装帧设计：kun　谢俊平

出版发行：湖南人民出版社［http://www.hnppp.com］
地　　址：长沙市营盘东路3号　　邮　编：410005　　电　话：0731-82683346

印　　刷：湖南天闻新华印务有限公司
版　　次：2023年9月第1版　　　　　　印　次：2023年9月第1次印刷
开　　本：880 mm × 1230 mm　1/32　　印　张：10
字　　数：169千字
书　　号：ISBN 978-7-5561-3202-7
定　　价：88.00元

营销电话：0731-82683348（如发现印装质量问题请与出版社调换）

目录 ✡ CONTENTS

序言

　　耶路撒冷很可能是世界上发生战争和冲突最多的城市。在3000多年的历史上，耶路撒冷先后被迦南人①、犹太人②、亚述人、巴比伦人、希腊人、罗马人、穆斯林阿拉伯人、基督徒十字军（来自今法国、德国和欧洲其他国家）、来自今土耳其的拜占庭十字军、穆斯林土耳其人、英国人以及随后卷土重来的犹太人所统治。不过，耶路撒冷的地位仍未得到最终确定。

　　在漫长的历史中，耶路撒冷被摧毁过至少两次，遭围困23次，受攻击52次，反复易手44次。在西蒙·塞

---

① 迦南人是迦南的土著居民。迦南在希伯来语中被称为"Eretz Yisrael"，意为"以色列故土"，相当于英文中的"以色列地（Land of Israel）"，其范围大致包括今天的以色列和巴勒斯坦。（本书注释均为译注，以下不再单独说明。）

② "犹太人"（Jew）一词在希伯来文中作"Yehudi"，最初指定居迦南的希伯来十二个部落中的犹大部落的人，在公元前10世纪希伯来统一王国分裂后，犹太人指南部的犹大部落的人。公元前538年犹太人获准从巴比伦返回耶路撒冷后，那些返回的人被称作Yehudi，意为"亚伯拉罕的子孙"。《圣经·以斯帖记》第2章第5节记载，书珊有一犹太人，名叫末底改，是便雅悯人基士的曾孙。此后，犹太人一词被广泛运用，成为"希伯来人""以色列人"的同义语。参见张倩红：《以色列史》，人民出版社2014年版，第22页。

巴格·蒙蒂菲奥里（Simon Sebag Montefiore）那部名作《耶路撒冷三千年》（*Jerusalem: The Biography*）中，他写道，犹太人独占耶路撒冷1000年，基督徒占领了约400年，而后穆斯林占领了1300年，但这些宗教无一不是诉诸武力来实现对耶路撒冷的控制。很少有其他城市有过类似这样充满谋杀、强奸、抢劫和虐待的黑暗历史。

耶路撒冷最古老的地方在公元前4世纪时就有人定居，这也使其成为世界上最古老的、持续有人居住的城市之一。这座被城墙环绕的城市已被列入联合国教科文组织世界文化遗产名录。

耶路撒冷是亚伯拉罕一神教犹太教、基督教和伊斯兰教的圣地。这座古老的城市被分为四个部分：犹太区、基督徒区、穆斯林区和亚美尼亚区。而在旧城墙外，耶路撒冷是个繁华的大都市，人口约75万，居住在652平方公里（约252平方英里）的土地上，无论是从居民数量还是面积上来说，它都是以色列最大的城市。犹太人约占总人口的65%，其余是巴勒斯坦阿拉伯人。

耶路撒冷有一流的酒店、饭店、大商场、交响乐团、博物馆、篮球和足球队，还有一座《圣经》动物园，以及活跃的文化夜生活。耶路撒冷近来还引进了一套轻轨系统，以缓解交通压力——尽管这是耶路撒冷,但由于这条线路经过耶路撒冷的东部和北部地区,存在一些政治问题,巴勒斯坦人希望将其作为自己首都的一部分。

对犹太人来说,耶路撒冷是世界上最神圣的地方,犹太教徒也会在一天三次面向耶路撒冷的方向祈祷。在犹太人传统的逾越节家宴(Seder)上,人们会在结束时说"明年相会在耶路撒冷"(Next Year in Jerusalem)。西墙是第二圣殿在公元70年被罗马人摧毁后仅存的遗址,是犹太教的圣地。在犹太人的传说中,有一个世俗上的耶路撒冷,也有一个精神上的耶路撒冷,后者高于前者。

在《圣经》编纂完成后,拉比①对如何正确阐释犹太律法、伦理、哲学、风俗和历史进行了讨论,由此形成了《塔木德》②。《塔木德》教导说:"有十分美降落在世上,九分给了耶路撒冷,一分给了世界其他地方。没有任何美能够与耶路撒冷的美相提并论。"

对穆斯林而言,耶路撒冷是继麦加和麦地那之后伊斯兰教的第三大圣地,因为穆罕默德就是骑着自己的坐骑布拉克(al-Buraq)夜行到了耶路撒冷。据说,

---

① 拉比(rabbi)在希伯来语中意为"我的老师",是犹太教的精神领袖和宗教教师。

② 《塔木德》(Talmud)是关于犹太口传律法的汇编,编纂于公元2世纪末至6世纪初,此后到近代,它一直是犹太人宗教和文化的核心,也是犹太人日常生活的指南。Talmud 在希伯来语中意为"学习或研究"。

在岩石圆顶清真寺这座金质穹顶圣寺的岩石上，能看到布拉克的蹄印。岩石圆顶清真寺的附近是犹太人所说的圣殿山，也是穆斯林口中的尊贵禁地，那里有银质穹顶的阿克萨清真寺，它是逊尼派穆斯林的第三大圣寺。阿克萨意为"最远的"，寓意该清真寺是穆罕默德在传教时所到过的最遥远之地。

耶路撒冷是这个地区的故事。在下文这些震撼人心的图片和生动的文献中，本书将把这座趣味横生、令人陶醉却也充满血腥和仍在发生争斗的城市生动地呈现给读者。

约瑟夫·米利斯（Joseph Millis）

耶路撒冷的起源

耶路撒冷起源于前《圣经》时代，后来希伯来人对其进行了重建，并作为自己的首都和圣城。在希伯来人定居耶路撒冷很久之前，这座城市就已经存在了。公元前5000年左右，人们曾居住在那里的山上——这一时间甚至比青铜时代还早——这些山逐渐组成了后来的耶路撒冷。

最早有关耶路撒冷的记载出现在约公元前2000年埃及中王国时期的咒文和阿玛纳泥板（记载有埃赫那吞统治时期的外交通信）上，这座城市在那些咒文中被称作"Rusalimum"。"Rusalimum"的词根S–L–M被认为指代"和平"（现代阿拉伯语为salam，现代希伯来语作shalom）或"沙里姆"（Shalim，古代迦南人认为其是掌管黑暗的神）。

阿玛纳泥板上记载有埃及法老阿蒙诺菲斯三世（Amenophis III）及其继任者埃赫那吞（Akhenaten）

✡ 上图：古往今来，用水一直是耶路撒冷居民面临的一大难题。在创作于 1844 年的这幅素描上，耶路撒冷人正在从靠近旧城墙下方的基训泉中取水。

✡ 右图：在这张拍摄于 1870 年的照片上，显示的是锡安山上建于公元前 10 世纪的耶布斯要塞，据说大卫王葬在里面。基督徒认为最后的晚餐可能发生在那里。

与其他近东统治者之间的大量通信。1887 年，这些泥板发现于埃及的泰尔－阿玛纳（阿玛纳书信由此得名）。当时从地下发掘出大量泥板，总共有 382 件，但后来仅有 50 件得到了释读。

多数泥板上记载的信件可追溯至公元前 14 世纪中期，这些信件涉及巴比伦、亚述、哈提、米坦尼这些独立国家的统治者，也包括近东很多小国的统治者以及过去以色列、叙利亚、巴勒斯坦和黎巴嫩一带附属

国的统治者。

阿玛纳泥板文字的发现及其迅速被解读彻底改变了学者们对该地区历史和政治发展的既有理解。这些泥板是迦南统治者写给埃及法老的信件，信件上既有迦南语，也有阿卡德语。在古以色列人到来之前，耶路撒冷一带的迦南人说何种语言？这些信件为此提供了极为重要的证据。

大约在这一时期，耶路撒冷一带的城市生活也生机勃勃。位于今伊拉克的乌鲁克城（Uruk），人口可能一度有 4 万人，这时在死海北边的一处绿洲，城墙环绕的小城耶利哥（Jericho）也兴起了，这座小城是该地区主要的城市中心之一。在耶路撒冷地区，定居点在周围山丘上的墓地附近，在犹地亚沙漠（Judean Desert）边缘和基训泉（spring of Gihon）附近，逐渐开始多了起来。

考古发掘报告显示，那些不朽的城墙由公元前 17 世纪的迦南人建造，高约 8 米。城墙矗立在定居点东侧，保护着从基训泉和史罗亚池（Shiloach）而下的珍贵水道。水源则由一道巨大而厚实的墙保护着，墙体由每块重达三吨的石头砌成。

公元前 1550 年至前 1400 年，耶路撒冷落入埃及新王国时期的早期法老的霸权统治下。阿赫摩斯一世

（Ahmose I，公元前 1570 年—前 1546 年在位）和图特摩斯一世（Thutmose I，公元前 1525 年—前 1512 年在位）再次将埃及统一，并将疆土扩至黎凡特（Levant，今以色列、黎巴嫩、巴勒斯坦、约旦和叙利亚），使该地区大部臣服于其统治下。乌鲁萨利姆（耶路撒冷）的首领阿布迪·赫巴寄给埃及霸主阿蒙诺菲斯三世（公元前 1417 年—前 1379 年）的信以及我们所看到的照片所显示的是一个足够广阔和富有的城市，它足以供养一个引人注目的熟练的工匠阶层。

公元前 12 世纪，统称为"海上民族"的多个群体对青铜时代晚期的既有大国发起了一系列攻击，导致了埃及政权的衰微。公元前 1178 年，在迦南战役中，埃及遭遇重创，中央权威土崩瓦解，许多独立小王国开始在该地区出现。

《圣经》中首次提到耶路撒冷是在《创世记》第 14 章第 18 节，其中提到亚伯拉罕将十一税给了撒冷王麦基洗德（the King of Salem，Melchizedek）。耶路撒冷这个名字本身没有被使用，但似乎是同一个地方，因为据说亚伯拉罕在该地区，而且该城的名字撒冷是其后来名字的一部分。根据《米德拉西》（Midrash，古代犹太人在《圣经》阐释上的教理训导，它选取《圣经》上的事件、律法、传统或著名人物，对其在文本之外

✿ 这是一幅由米凯尔·瓦格莫特创作的彩色木版画，出自《纽伦堡编年史》。画中，亚伯拉罕受到撒冷（耶路撒冷的最初名字之一）的麦基洗德的欢迎。

的含义进行阐释；"米德拉西"一词还指《圣经》所载全部教理说明的汇编）所载犹太传统，耶路撒冷为亚伯拉罕的先祖闪（Shem）和希伯（Eber）所建立。

亚伯拉罕来到位于耶路撒冷北面的摩利亚山（Mount Moriah），在那里，他准备将以撒（Isaac）作为祭品献给上帝（《创世记》第22章第2节）。后来，摩利亚山被并入耶路撒冷，成了"圣殿山"，所罗门在那里建造了神殿——"第一圣殿"。

"耶路撒冷"一词在《圣经》中首次出现，是在《约书亚书》第10章第1节，经文中记载，耶路撒冷的国王亚多尼洗德（Adonai-Tzedek）抵抗约书亚（Joshua），但在亚雅仑谷（Valley of Ayalon）被击败。据《圣经》记载，耶路撒冷被耶布斯人征服、洗劫和遗弃，他们统治耶路撒冷400年，直到公元前1003年被大卫王占领。将耶路撒冷吞并后，大卫王将其作为自己统治下的以色列联合王国的首都（《撒母耳记（下）》，第

✡ 据《创世记》记载，在圣殿山北部的摩利亚山上，亚伯拉罕献出自己的儿子以撒作为祭品，后来上帝命令他住手。这幅圣经插画由菲利普·代·贝在1860年左右创作。

5章第6节）。

一种理论——可能是最接近真相的——认为以色列人是外来者，他们从世代定居在这里的部分闪米特人耶布斯部落手中夺取了迦南。另一种理论认为，以色列人在出埃及后来到了迦南。然而，可能的真相是，由于当时迦南是埃及帝国的一部分，他们可以在其领土内移动，因此至少有一部分以色列人已在该地区定居。还有一种理论提出，他们是由居住在迦南山区的耶布斯部落发展起来的一个分支。

那么，希伯来人是如何在他们的语言中纳入"耶路撒冷"或"耶鲁沙拉依木"（Yerushalayim）一词的？原因或许简单，该词容易以希伯来语中有重要意义的形式音译。该词的后半部分似乎与shalom（意为和平）接近，shalom的词根包含完成或完全之意（它也出现在"Solomon"和"Absalom"这样的人名中）。耶路撒冷一词的第一个音节听起来像yara一词，意为扔、投掷或射击，该动词用来表示射箭、投石和抓阄。

或许，耶路撒冷一词仅仅是被希伯来化了，而非被改变，因为该词也意为"和平之雨"——yara的另一个词源是yoreh，意为冬季的第一场雨。从很久远的时候起，耶路撒冷就几乎被旷日持久的冲突和战争所笼罩，对于这样一座城市而言，称耶路撒冷是一个尽

善尽美的世界的辐射中心，多少有些讽刺意味。

汉谟拉比法典

汉谟拉比王是巴比伦的第六任国王，公元前1792年至前1750年在位。公元前1772年前后，汉谟拉比编纂了巴比伦国家的法典，它是世界上最早的法律制度汇编之一，且很可能在出现时间上早于《圣经》所载法律条文。《汉谟拉比法典》刻写在一座巨大的石碑（也被称为石柱）上，立于公共场所，这

❋ 《汉谟拉比法典》的序言。《汉谟拉比法典》出现于公元前1770年左右，是已知最早的涉及权利、义务和契约的法律汇编。

样人人皆可看到。《汉谟拉比法典》现藏于巴黎卢浮宫。

　　和阿玛纳泥板一样，《汉谟拉比法典》也是用阿卡德文刻写的。《汉谟拉比法典》包含 280 多条法规，刻写在 12 个版块上，列出了每一项罪名以及犯罪者所要受到的惩罚。《汉谟拉比法典》是最早的"复仇法"（Lex Talonis，意为"以眼还眼，以牙还牙"）之一，但它对证据的使用和无罪推定有明确的规定。

大卫王和他的城市

大卫王统一了以色列王国，并定都耶路撒冷，这样一位君主是个不存在的人物吗？迄今为止，在埃及和亚述文献中，并无同时代的关于大卫王存在的记载，而在耶路撒冷——一座世界上被研究得最多的城市之一——的许多考古发掘中，也没有发现任何提及大卫王的线索。

　　然而，在 1993 年，一队以色列考古学家在该国北部进行调查时，发现了一块公元前 9 世纪时的三角玄武岩，上面写有阿拉米文。这块玄武岩上的文字提到了"大卫之家"，表明一个名叫大卫的国王的确统治过该地区，并建立了一个王朝。

　　其他考古发掘发现了手工艺品和铭文，这表明在公元前 11 和 10 世纪，犹地亚的人口增长了一倍，而且人口中心是耶路撒冷。这肯定不是大卫存在的确凿证据，但的确说明，那时候围绕耶路撒冷，曾建立过

✡ 大卫是一位武士国王，他把统治的帝国从耶路撒冷和犹地亚－以色列联合王国扩展到黎凡特大部甚至埃及。该图出自中世纪晚期一本关于大众神学的绘本书籍《人类救赎之镜》（*Speculum Humanae Salvationis*），图中所示，大卫正在杀死非利士人。

✡ 这幅照片约拍摄于 1870 年，照片所示为锡安山上的耶布斯城堡及其周边建筑。这些建筑显示出耶路撒冷如何曾被三大亚伯拉罕系宗教所统治，因为那里有教堂、清真寺，可能还有犹太人的勇武君主大卫王的坟墓。

一个中央集权的国家。

即使如此，多种相似的可能性说明，大卫王不但的确存在，而且在公元前 10 世纪的某个时候定都耶路撒冷。在美国出生的传教士和历史学家艾德温·蒂勒（Edwin Thiele）将大卫的生平追溯至公元前 11 世纪中期和前 10 世纪，理由是大卫是在公元前 1003 年至前 970 年统治着一个统一的以色列王国。

1867 年，受巴勒斯坦探索基金会（旨在研究黎凡特和在叙利亚传播基督教）委任，英国皇家工程兵部队中尉（后为将军）查尔斯·沃伦（Charles Warren）开始在耶路撒冷旧城一带进行考古发掘。沃伦是犹太人的好朋友，他认为在欧洲各大国的帮助和保护下，犹太人应该重建他们在这块土地上的主权。

由于当地犹太人和穆斯林的反对，沃伦被迫在圣殿山附近租了一块土地，他在那里挖了 27 个竖井，然后发现了可能是耶路撒冷发掘的第一批考古文物。沃伦认为，其中一件在俄斐勒山（Ophel Hill）发现的文物是大卫王时期向耶路撒冷引水的管道。

根据犹太传统，大卫是弥赛亚①的直系后裔，是头上涂过膏油的人。耶稣出生在伯利恒（Bethlehem）——

① 弥赛亚（Messiah）在犹太传统中意为"受膏者"，指通过在头上涂抹神圣膏油仪式的国王或高级祭司，后演变为犹太教和基督教中的救世主。

位于耶路撒冷以南10公里（约6英里）处，大卫也出生在这座城市，而且据说两人来自同一家族。在伊斯兰传统中，大卫（阿拉伯文名字是达乌德）是一个先知，也是所在部众的勇士国王。

以色列国王由先知拣选，最初是由先知撒母耳（Samuel）拣选。然而，撒母耳的第一选择是扫罗（Saul），此人年轻勇猛，但好惹是非，性情古怪。撒母耳另觅人选，于是发现了大卫。大卫是伯利恒的耶西的八个儿子之一，据《撒母耳记》记载，大卫"面色光红，双目清秀，容貌俊美"。

撒母耳将大卫带至扫罗面前，扫罗任命大卫作他的高官。大卫还有另一个身份——当扫罗遇到困扰时，他为扫罗弹奏竖琴，使其平复心绪。

据《圣经》记载，当非利士人向以色列王国进发时，在耶路撒冷南边的以拉谷（Valley of Elah），青年勇士大卫掷出石头，击中了巨人歌利亚（giant Goliath）的额头，杀死了他。而后，非利士人四散逃走。

在这之后，扫罗就提拔了大卫，他也与扫罗的儿子约拿单（Jonathan）和女儿米甲（Michal）关系友好。扫罗允许大卫娶米甲，却出于嫉妒，两次试图杀死他的这位女婿。

大卫厌倦了扫罗对他的杀意，于是就投奔到了非利士人那里，非利士人让他统治小城洗革拉。非利士人再次进攻扫罗的军队，在北方的基利波击败了他，并杀死了约拿单。扫罗随后自杀。

南方的犹地亚诸部落将大卫膏立为王，而北方的以色列各部落选定伊施波设（Ishbosheth）为王。两个王国之间发生了激烈的战争，持续了七年，最后伊施波设被谋杀。之后，北方诸部落拥大卫为王，从而建立了一个联合王国。

耶路撒冷并非大卫定都的第一选择，他当时选择的是希伯伦（Hebron），该城位于耶路撒冷以南30公里（约19英里）处。但是，当大卫被北方和南方的王国选立为王后，他需要一座新的都城，这座城市应位于中央且防御良好，易守难攻。由于坐落于山顶，耶路撒冷符合此要求。而且，大卫将精神象征"约柜"带到了耶路撒冷，这样就为它增添了意义，它既是政治中心，也是宗教中心。

在大卫的时代，耶路撒冷并不起眼。那时，巴比伦占地2500英亩，而耶路撒冷还不到20英亩。耶路撒冷当时人口约有1200人，多数居住在大卫的城堡周边。

大卫是个雄才大略的战略家，也是个非常幸运的领袖。依靠克里特、非利士和赫梯的雇佣兵，他建立

✿ 我们今天对耶路撒冷古老过去的了解，多数来自考古发掘，如图中所示就是
20世纪80年代中期对有着3000年历史的大卫城进行考古发掘的现场。

的帝国疆域包括从北部的伊拉克到南方的埃及（有人称是尼罗河全线）。面对埃及和美索不达米亚的衰落，大卫充分利用了该地区地缘政治的转变所带来的契机。尽管和其他区域中心相比，耶路撒冷只是个很小的城市，但这一切都发生了。

大卫准备好了建造第一圣殿，但未能做到，此任

✦ 如图中建于公元前 10 世纪的建筑所示，大卫城多数地方都已经被发掘过。

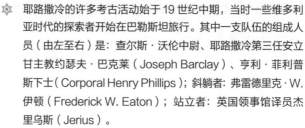

🔅 耶路撒冷的许多考古活动始于 19 世纪中期，当时一些维多利亚时代的探索者开始在巴勒斯坦旅行。其中一支队伍的组成人员（由左至右）是：查尔斯·沃伦中尉、耶路撒冷第三任安立甘主教约瑟夫·巴克莱（Joseph Barclay）、亨利·菲利普斯下士（Corporal Henry Phillips）；斜躺者：弗雷德里克·W.伊顿（Frederick W. Eaton）；站立者：英国领事馆译员杰里乌斯（Jerius）。

务留给了他的儿子所罗门王。《圣经·撒母耳记（下）》记载，由于自身罪孽，大卫被阻止建造圣殿：

　　你寿数满足，与你列祖同睡的时候，我必使你的后裔接续你的位。我也必坚定他的国。他必为我的名建造殿宇。我必坚定他的国位，直到永远。（《圣经·撒母耳记（下）》第 7 章，第 12—13 节）

　　以及：

　　（先知）迦得来见大卫，对他说，你上去，在耶布斯人亚劳拿的禾场上为耶和华筑一座坛。大卫就照着迦得奉耶和华名所说的话上去了。大卫在那里为耶和华筑了一座坛，献燔祭和平安祭。（《圣经·撒母耳记（下）》第24章，第18—25节）

然而，大卫买下了用来建造圣殿的土地，并在那里造了一座祭坛，来救赎自己肉体和灵魂上的罪孽。

根据穆斯林传统，大卫是伊斯兰的先知之一，他买了建造岩石圆顶清真寺（the Dome of the Rock）的土地。这块土地位于摩利亚山上，是穆罕默德"夜行登霄"的地方，被称为"isra"。

查尔斯·沃伦

查尔斯·沃伦（1840—1927）将军是考古学家和军人，是圣米迦勒及圣乔治大十字勋章获得者、高级巴思勋爵士和皇家学会会员，1886年至1888年担任伦敦大都会警察局局长。这一时期，沃伦遇到的最大案件无疑是"开膛手杰克案"。在案件处理上，沃伦受到许多批评，他最终也未能将凶手绳之以法。沃伦于1888年11月辞职，后返回军队服役。

所罗门王的圣殿

大卫王未能如愿在耶路撒冷建造圣殿，但是，他为自己的儿子所罗门建造圣殿打下了基础。犹太人称这座圣殿为第一圣殿，它位于圣殿山（又称摩利亚山或锡安山，伊斯兰传统称之为尊贵禁地）。

　　据《圣经》记载，第一圣殿竣工于公元前 10 世纪，在公元前 587 年至前 586 年耶路撒冷遭围困后，被尼布甲尼撒二世（Nebuchadnezzar II）毁灭。公元 6 世纪，图尔教区格雷戈里主教将圣殿列为古代世界七大奇迹之一（还包括亚历山大灯塔和诺亚方舟）。

　　在此之前，圣殿山已被用作祈祷之地，可能是耶布斯人（属于山居的迦南部落，他们在大卫征服之前占领了耶路撒冷）的圣地。在公元前 1003 年大卫统一以色列南北王国之前，圣殿山被用来服侍以色列的上帝。它也是约柜存放之地。约柜是一个镀金盒子，里面有摩西出埃及时在西奈山上得到的律法石版。

由于当代的政治和地区冲突，在圣殿山正常的考古发掘活动极少，所以没有发现所罗门圣殿实际存在的证据，能证明其存在的唯一证据是《圣经·旧约》。

然而，在2007年，一些手工艺品残片的发现，可追溯至公元前8世纪至前6世纪，这可能是关于第一圣殿时期人类活动的最早证据。这些发现包括水罐、碗和其他炊具的残片，还有动物骨头。

在《圣经·列王纪（上）》第6章第1—38节以及其他篇章，对圣殿的建造和内部装饰有很详细的记载。所罗门王要求北方的邻居推罗王希兰（King Hiram of Tyre）提供上好的雪松木，并寻找技艺良好的工匠来建造这座壮丽的建筑。

通过与埃及和基利家（今土耳其南部，所罗门从此地获取香料、战车、金子和马匹）的贸易，所罗门统治下的帝国得到了扩张。与北方的亲密盟友推罗王希兰一道，他派遣贸易探险队到苏丹和索马里。他还招待过来自阿拉伯半岛南端的示巴女王（Queen of Sheba），她给耶路撒冷带来了满载着香料、金子和宝石的骆驼。

❂ 右图：大卫王未能建造圣殿，但他在定都耶路撒冷时，把约柜也带到了这座城市，如图中所示。这幅画由威廉·布拉西·霍尔创作于约1925年。

圣殿由大卫之子所罗门建造，在这幅创作于 19 世纪的木版画中，所罗门王正在监督建造活动。

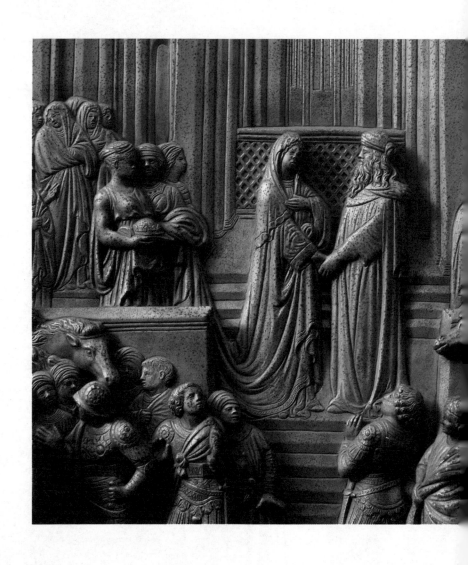

✡ 在所罗门统治时期，耶路撒冷成了国事访问的中心。来到这座城市的统治者就包括示巴女王。该图所示青铜版画描绘了所罗门迎接女王的情景，它由洛伦佐·吉贝尔蒂创作于1452年，被放置于意大利佛罗伦萨圣若望洗礼堂的大门上。

所罗门的"上帝之家"从这些漂亮的赠品和礼金中受益巨大。圣殿矗立在所罗门宫殿旁边,该建筑不仅是圣所,也是上帝之家,是该地区各个民族之间合作的见证。圣殿一共花了七年时间建成,竣工之时,耶路撒冷全城居民聚在一起,观看祭司们将装有约柜的金合欢木箱从城堡的帐篷带到圣殿,进入至圣所(希伯来文为 Kodesh Hakodashim),至圣所是圣殿的内室,是在建造时为了盛放约柜而修建的。至圣所孤立一处,里面有两个基路伯。

虽然普遍认为圣殿位于摩利亚山上,但至圣所的正确位置却存在争议(这也是为何至今极端正统派犹太人被禁止前往圣殿山,因为怕亵渎约柜存放之地)。据一处记载,至圣所中央的石祭坛是岩石圆顶清真寺所在的位置,圣殿的其他地方朝西。另一种说法认为,至圣所位于岩石圆顶清真寺和阿克萨清真寺(al-Aqsa Mosque)之间,其根据是下水道的位置、平台石头的朝向以及可能存在的立柱的位置。

最终,聪慧的所罗门王变成了一个暴君,他横征暴敛,为自己一个又一个古怪的计划注资,这些损害了他的威信。声望下跌之时,王国边远地方开始出现叛乱,王国里的宗教领袖也谴责和批评他的放纵和通奸行为。所罗门王在位四十年,于公元前930年去世,王位由其子罗波安继承。

圣殿的建造——或者说可能是关于圣殿建造的神话——让很多后来的科学家兴趣盎然，其中包括艾萨克·牛顿爵士，他为此写下了大量研究文字。例如，他的《古代诸王国编年》（*The Chronology of Ancient Kingdoms*）一书中有整整一章研究圣殿。另外，成为共济会会员的其中一项前提便是知道所罗门王圣殿的建造秘密。

由于《圣经》撰写者既不是建筑师，也不是工程师，所以《圣经》中缺乏对技术细节的记载。然而，根据《塔木德》所述，三层高的圣殿长 30 米（约 100 英尺），宽 10 米（约 33 英尺），高 15 米（约 50 英尺）。屋顶为雪松木所造，上覆纯金。圣殿朝东，有一个至少长 10 米的门廊，有人推测门廊更长也更高。

建造圣殿所用的石头已事先在其他地方准备好了，以免亵渎圣殿周围环境。圣殿里，立方体的至圣所完美无缺，有一丝质帷幕将其与圣殿其他地方隔开。圣殿的主要部分用雪松木遮蔽，还有基路伯雕塑、棕榈树和花，所有这些都用金贴在上面。圣殿里还有两根青铜立柱，名为雅斤和波阿斯。

圣殿经历过数次变化，尤其是公元前 7 世纪后，玛拿西国王（King Menasseh，公元前 687 年—前 643

✡ 此为马达巴马赛克地图，发现于约旦马达巴小城的圣乔治教堂的地板上。在这幅图中，耶路撒冷位于世界的中心。这幅马赛克地图可追溯至约公元前 6 世纪。

年在位）将偶像崇拜引入了圣殿。他的孙子约西亚国王（King Josiah）移走了这些偶像，并废除了服务于此类偶像崇拜的祭司一职。

公元前598年左右，约雅斤在位之时，巴比伦国王尼布甲尼撒二世洗劫了圣殿。他又在公元前586年将圣殿彻底摧毁，时间是犹太历中的不详日阿布月初九。这一天在犹太历史上臭名昭著，因为第二圣殿也是在该日被毁，时间是650多年后，是被罗马人摧毁的。还有一些降临在犹太民族头上的灾难也发生在这一天，包括1492年西班牙犹太人被驱逐、1994年7月发生在阿根廷布宜诺斯艾利斯的针对犹太社团的恐怖袭击（这一暴行造成86人死亡，300人受伤）。

亚述人和巴比伦人

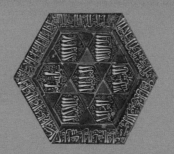

在西拿基立（Sennacherib，公元前705年—前681年在位）的残暴统治下，亚述人在近东大幅扩张，赶走了正在基利家（包括今天土耳其的东南海岸内陆地区，相当于今叙利亚）和塞浦路斯东北部建立据点的希腊人。作为创建亚述帝国的一部分，西拿基立也横扫了以色列和腓尼基；而在这两地，埃及人曾试图怂恿当地居民进行反亚述起义，但未成功。

　　在这一过程中，西拿基立对以前属北方以色列王国的亚述省进行了抢夺，并扼住了南方犹大王国的咽喉，控制了包括腓尼基和亚兰（大马士革）在内的黎凡特大部。

　　在北方以色列王国覆灭之时，即公元前720年左右，犹地亚被亚哈斯（Ahaz）和他的儿子希西家（Hezekiah）共同统治。为保持独立并延缓亚述的猛攻，犹大每年都向西拿基立缴税。

在亚哈斯于公元前 715 年死后，希西家成了犹地亚国王，他对宗教仪式作了改革——尤其是移走了亚哈斯引入的偶像，重新确立了犹太人曾信奉的一神信仰。希西家长于征战，他重新占领了非利士人控制的

✡ 所罗门之后，尤其是亚哈斯在位时，圣殿成为供奉偶像的地方。然而，亚哈斯之子希西家拆除了这些偶像，回归了犹太传统。下图出自英国国王亨利八世于 1538 年至 1539 年颁布的《大圣经》。

土地，即今以色列的内盖夫沙漠和南部海岸平原。希西家还与埃及结成了同盟。

然而，亚哈斯拒绝每年向亚述帝国纳税，这是个致命错误。西拿基立一怒之下，进攻犹人，并在公元前701年包围了耶路撒冷。

虽然西拿基立大军压境，耶路撒冷城防薄弱，但这座城市并未被攻破。没有人了解详情，但很多相互矛盾的记载解释了该城未被攻破的原因。

《圣经》中的《以赛亚书》《历代志》《列王纪（下）》对此次围城有记载。为保卫耶路撒冷，希西家做了充分准备，他填上了耶路撒冷城外的一些泉水源，不让亚述军队得到新鲜的水——这在沙漠战争中至关重要。另外，他还组织人力挖了一条500多米长的地道，它穿过坚硬的岩石，到达基训泉，以此来确保该城的淡水供应。这条蜿蜒曲折的地道再次被发现是在19世纪，当时两名阿拉伯男孩进入地道，并一直沿着它走到了其在耶路撒冷旧城的出口。

耶路撒冷已有的城墙得到了加固，新建了塔楼，并在旧墙后面建造了一道新墙。希西家向民众作了慷慨激昂的演讲，他告诉众人，他们有神的保护，而亚述人只拥有"肉臂"。

希西家在圣殿山北的山谷里建了水坝，筑成了贝塞斯达池（Bethesda Pools），这样一来就能让城市囤积足够的水，来应对长期的围困。他还向民众和军队发放食用油、食物和葡萄酒，以抵抗接下来的猛攻；另外，他往耶路撒冷城外的水井投了毒，以防任何进犯的敌人得到这些宝贵水源。

接下来就开始了我们今天所说的心理战。围困耶路撒冷的战地指挥官向希西家传递了西拿基立给他的口信，守卫城墙的人也知道了口信内容。希西家手下的士兵被告知，他们的国王无能为力，而且以色列的上帝也无法将他们和耶路撒冷从亚述的狂怒中拯救出来。

虽然希西家十分苦恼，但后来的故事却是，先知以赛亚向这位犹地亚国王保证说，耶路撒冷将会得救，而西拿基立则会丧命。《圣经·旧约》记载，18.5万亚述士兵在一夜间死去，原因是上帝派来的死亡天使出手了。西拿基立撤退后，耶路撒冷也得救了。

围城结束后不久，希西家就去世了，其王位由他的儿子玛拿西（Menasseh）继承。玛拿西是个暴君，对任何反对者毫不留情。玛拿西将偶像崇拜引入了圣殿，在圣殿中供奉巴力和亚舍拉像。他鼓励在城墙外的欣嫩子谷（Valley of Hinnom）进行孩童祭祀——将他们活活烧死。欣嫩子谷激发了关于地狱的想象，在希伯来语和阿拉伯语中，"地狱"分别被称作

Gehenom 和 Gehenna，这是对欣嫩子谷的贬称。

毫不奇怪，亚述人对这些事件的记载颇为不同。"泰勒棱柱"和"西拿基立棱柱"①可追溯至约公元前 690 年，上面刻着西拿基立的生平。1830 年，这些东西在尼尼微（Ninevah）的废墟中被发现，上面的文字吹嘘说希西家如何像"笼中之鸟"一样被困在耶路撒冷。然而，匆忙撤退被描述为在西拿基立从犹地亚人那里得到一大笔钱后，光荣而胜利地返回尼尼微。当然其中也未提及 18.5 万名士兵的死亡。

尽管没有考古证据来证实上述记载，但这一《圣经》故事在希腊历史学家希罗多德（Herodotus）和投降罗马的犹太历史学家弗拉维乌斯·约瑟夫斯（Flavius Josephus）那里得到了部分证实。在希罗多德所著的《历史》（Histories）一书中，他说："他们的敌人像田间的老鼠一样在夜间蜂拥而至，吃掉了他们的箭袋和弓箭，甚至吃掉了盾牌的把手，所以第二天，他们就逃走了，由于缺少防卫武器而伤亡惨重。"

西拿基立的军事冒险代价昂贵，也消耗了亚述的力量，这时东方的一股力量趁机崛起，这就是尼布甲

① 泰勒棱柱（The Taylor Prism）和西拿基立棱柱（The Sennacherib Prism）是两件黏土制棱柱，其上文字相同，记载了西拿基立围攻耶路撒冷一事。"泰勒棱柱"由英国上校罗伯特·泰勒于 1830 年在尼尼微发现，现藏于大英博物馆；"西拿基立棱柱"由美国考古学家詹姆斯·亨利·布利斯提德于 1919 年从一巴格达古董商处购得，现藏于芝加哥大学东方研究所。

巴比伦统治者尼布甲尼撒是个暴君，他劫掠了耶路撒冷，驱逐了犹太人。这幅尼布甲尼撒的肖像画由威廉·布雷克创作于1795 年左右。

尼撒二世（公元前604—前562年在位）统治下的巴比伦。巴比伦统治者试图进行一些侵略来控制该地区，其中一些入侵要比其他的更成功。他的侵略策略导致包括犹大在内的黎凡特地区发生了多次叛乱。

尼布甲尼撒在开疆拓土上残酷无情，约公元前597年，他占领了耶路撒冷，随后废黜了国王约雅斤（King Jehoiachin）。十年后，由于反抗仍时有发生，尼布甲尼撒便摧毁了耶路撒冷，将圣殿夷为平地，将大多数犹太人——尤其是富人和才学之士——驱逐至巴比伦。

《巴比伦编年史》（*Babylonian Chronicles*）现藏于大英博物馆，是同时代文献，其中记载，在（尼布甲尼撒在位的）第七年（公元前599年）的基斯流月（公历11至12月间）巴比伦国王集结军队，在入侵哈提（叙利亚和巴勒斯坦交界一带）后，包围了耶路撒冷。在亚达月的第二天（公历3月16日），尼布甲尼撒征服了耶路撒冷，捉住了国王（约雅斤）。尼布甲尼撒立了自己选择的王（西底家，Zedekiah），而在得到大量贡品后，他派人去了巴比伦。

❉ 我们对尼布甲尼撒毁灭耶路撒冷的了解大多来自约瑟夫斯的著作。该图题为"尼布甲尼撒包围耶路撒冷"，出自约1470至1476年出现的一部约瑟夫斯手稿法文译本中的一幅插图。

✡ 巴比伦河边：尼布甲尼撒摧毁圣殿后，将犹太人驱逐到了巴比伦。这幅创作于 19 世纪的版画由古斯塔夫·多尔（Gustave Doré）创作，其展示了耶路撒冷民众因该城在被围 16 个月后于公元前 586 年被巴比伦人攻破而哀痛的情景。

巴比伦在该地区的劲敌埃及对西底家十分友善。西底家的行将背叛令尼布甲尼撒感到忧虑，于是他将西底家召至巴比伦，以确保西底家对他的忠诚。但在在位的第九年，西底家与埃及人结盟反抗巴比伦。尼布甲尼撒对此毫不手软，并出动军队去镇压反抗。

在埃及人为他们的弱小盟友而介入事端后，巴比伦人加强了包围态势，赶走了埃及人。看到埃及人离去，巴比伦人返回了耶路撒冷，他们在18个月内攻破了城墙。西底家和他的几个儿子向东逃去，但被捉住了。尼布甲尼撒没有任何慈悲——西底家的儿子被杀死，西底家的双眼被士兵挖去，后被锁链锁住送往巴比伦。

耶路撒冷残存的东西都被毁坏了，圣殿内的圣物也被带到了巴比伦。这座城市变得荒无人烟，犹太人也在50年里无法返回耶路撒冷。在公元前538年至前537年波斯国王居鲁士大帝（Cyrus the Great）摧毁巴比伦后，犹太人被允许回到耶路撒冷并重建他们的圣殿，直到那时，犹太人才回到了耶路撒冷。

西拿基立国王

西拿基立（？—公元前681年）称自己是"世界之王，亚述之王"，他把征服几乎看作是一种宗教义务，他的职位不仅仅是军队统帅，也是高级祭司。西拿基立统治下的帝国从波斯湾或称阿拉伯海延伸至塞浦路斯。占领巴比伦后，西拿基立将其夷为平地，以建造

✿ 亚述国王西拿基立在位期间，亚述是东方最大的帝国，首都是尼尼微。西拿基立攻克数座堡垒，将耶路撒冷围困，但其所率军队在夜晚被杀，他被迫返回尼尼微。在那里，他在尼斯洛庙里敬奉时被他的两个儿子谋杀。

一座新城。考古学家已发现了西拿基立所获成就的证据，也发现了他通过征服和发展农业扩张帝国的证据。在王室档案馆里，藏有关于西拿基立作出决定以及作出这些决定背后所需宗教助力的记载，甚至还有关于各种小病药方的记载。

从居鲁士到亚历山大

波斯国王居鲁士大帝（公元前 576 年—前 530 年在位）受到犹太人的尊崇，因为他对巴比伦的征服结束了犹太人在那座城市 50 年的流亡生活，他还准许犹太人在公元前 539 年回到耶路撒冷。一些犹太人认为居鲁士大帝是上帝派来的弥赛亚。《圣经·旧约》中提到居鲁士的名字不少于 23 次，其他一些地方则隐约提及。公元前 530 年，居鲁士带领约 4.3 万名犹太人返回耶路撒冷。

"居鲁士圆柱"是一种黏土制圆柱，其上刻有楔形文字，记载着这位波斯国王在公元前 539 年征服巴比伦以及俘虏巴比伦末代国王那波尼德斯的事迹，现藏于大英博物馆。圆柱上的文字提到，允许几个背井离乡的文化群体返回故土，其中一个便是犹太人，《以赛亚书》第 41 章第 2—4 节中也有对犹太人从流亡地回到家园的记载。《以赛亚书》第 45 章第 1—3 节中也表达了居鲁士的这一信念，即他在奉上帝旨意，因此他也可以算作是弥赛亚。

居鲁士对帝国的认识与巴比伦人形成了鲜明对比。为扩张帝国，所到之处，巴比伦人屠杀和驱逐当地人，而居鲁士则实行宗教宽容，以取得当地人的信任并赢得民心。

居鲁士任命犹大国末代国王的儿子设巴萨（Sheshbazzar）为耶路撒冷首领，并把圣殿里的圣物还给了他。为重建圣殿，另一位犹太王子所罗巴伯（Zerubbabel）雇了工匠，从腓尼基买来了雪松木。在一些犹太人看来，这预示着弥赛亚时代的到来，犹太人也从帝国的四面八方赶来，他们带来了金银，期待着弥赛亚的降临。

居鲁士准许在耶路撒冷重建圣殿的决定惹怒了在城内外居住的非犹太人，而未被流放到巴比伦以及不承认归来者的犹太教信仰的犹太人也对此感到不满。耶路撒冷北部的一些人雇了说客来劝告居鲁士和他的继承者大流士一世（Darius I，公元前522年—前486年在位）、亚达薛西二世（Artaxerxes II，公元前465年—前424年在位），请求推迟重建。但在大流士统治时期，重建工作又开始了，因为在当局问犹太人有何权利建造圣殿时，犹太人回答说是居鲁士的旨意，这一历史事件在今天伊朗西部的艾赫梅塔档案馆中被发现。

公元前515年，第二圣殿举行落成仪式，所罗巴伯率领众祭司参加。所罗巴伯用了100头公牛、200只公羊、400只羊羔和12只山羊作为祭品——12只山羊代表以色列十二支派和他们的罪孽。尽管第二圣殿富丽堂皇，但据同时代文献记载，它只是对所罗门圣殿苍白无力的模仿，了解两座圣殿的人也在落成仪式上流下了眼泪。

这里存在一个问题，即为何居鲁士允许犹太人返回并重建圣殿。对该问题最引人注目的回答是，居鲁

✡ 这幅插图出自14世纪的法文《圣经》译本《圣经历史》，图中，有人正在提醒大流士国王，不要忘记他对重建耶路撒冷和允许犹太人从流放地巴比伦返回的承诺。

士很可能是个琐罗亚斯德教信徒。琐罗亚斯德教是源自波斯的一神教信仰，信奉琐罗亚斯德的教导。而犹太人也信仰一神教，居鲁士可能希望从犹太人那里感受到某种亲近感。居鲁士也对其他民族的习俗和信仰持开明和宽容态度，这一点也为人所知。甚至在征服巴比伦后，他还在巴比伦人的马杜克神庙里表示了敬意，这增加了巴比伦人对他的支持，最大限度减少了杀戮。

公元前 444 年，正值波斯帝国衰落之时，亚达薛西国王（King Artaxerxes）任命自己的斟酒侍者尼希米（Nehemiah）为犹地亚的首领，赐予他钱款和士兵。鉴于城墙已破败，他命令每个地主和祭司负责重建城墙某一段。那些未完成自己工作的人将会遇到麻烦，就这样重建在 52 天内完成了。

✿ 右图：在这幅 16 世纪的泥金装饰手抄本①法文《圣经》插图中，居鲁士国王正在给一群流亡者下达允许其重建圣殿的指令。

---

① 泥金装饰手抄本（illumiated manuscript）是中世纪出现的一种手抄本，内容以宗教为主，封面装饰精美，内页多有彩色插图，制作工艺较为复杂。

U premier an de cyrus roy de perse q̃
la parolle de nostre seigñr me fut a
complye et dictez par la bouche de ihe
remie Nostre seigneur suscita lespit
de cyre le roy de perse et il lemoia
quil criast par tout son royaume ⁊
aussi par les citez disant. Ce dit cyre le roy de perse. ni Le
dieu du ciel et de la terre ma donc tous les royaumes de

✡ 在巴比伦和波斯的征服之后，一股新的势力在近东崛起了，这就是亚历山大大帝。这幅18世纪的绘画由意大利艺术家塞巴斯蒂亚诺·孔卡（Sebastiano Conca）创作，画中有在耶路撒冷圣殿内的马其顿统治者。

尼希米还通过为城外的犹太人保留土地来确保耶路撒冷的人口增长。通过抽签每10个人中有1人定居在城内。

当前往波斯报告他在加强耶路撒冷防卫方面的进展时,来自北部的撒玛利亚人开始管理圣殿事务,而当地的犹太人开始和非犹太的部落男女通婚。尼希米一回来就压制了这一切,他驱逐了撒玛利亚人,并禁止异族通婚。他还引入了一种更为严格和纯洁的犹太教。

波斯人建立的阿契美尼德帝国最终出现了扩张过度,在公元前335年至前330年,它被希腊马其顿的

✡ 这是一幅创作于15世纪的插图,描绘了公元前4世纪亚历山大大帝访问波斯国王大流士的情景。

亚历山大大帝所征服。亚历山大大帝曾到访过耶路撒冷，犹太裔罗马历史学家弗拉维乌斯·约瑟夫斯在所著《犹太古史》（*Antiquities*）中有相关记载。他写道，在征服迦萨（今译加沙）和押杜亚后，亚历山大访问了耶路撒冷，该城的大祭司曾设想亚历山大会敬奉以色列的上帝。

随后，亚历山大向大祭司伸出右手，他走进了圣殿，"按照大祭司的指引，向上帝进行了献祭"，为整个场面增添了巨大的荣耀。

在很大程度上，希腊统治时期，耶路撒冷人的生活少有变化——除了一个极为重要的方面——亚历山大的崛起导致该地区的希腊化。希腊文化高高在上，耶路撒冷的犹太人和非犹太人一样，都在试着模仿希腊的诗歌、语言、宗教和运动。后来，这在犹地亚引发了犹太人的内战，这场战争在此之前从未有过，此后也未再发生过。

居鲁士大帝的死

据希罗多德所著史书的记载，居鲁士死于一场战斗。居鲁士意图扩张，遂向马萨格泰部落首领托米丽司（Tomyris）提出联姻要求。遭到拒绝后，居鲁士强

✦ 公元前 529 年，波斯国王居鲁士二世去世。在这幅 19 世纪德
国钢版画中，托米丽司女王将居鲁士二世的首级浸入盛满血的
钵中。

行夺取了马萨格泰领地。托米丽司誓言为马萨格泰复
仇，她率军在公元前 529 年杀死了居鲁士，希罗多德
认为这是居鲁士生平最惨烈的一场战斗。作为复仇举
动，托米丽司砍下了居鲁士的头，并将其浸入血中。

西墙

公元 70 年罗马人在犹太起义期间摧毁第二圣殿时，只有一道外墙留了下来。因为罗马人认为它无关紧要——它并非圣殿的一部分，只是一道围墙——他们就留下了后来被称为西墙（或哭墙）的那面墙。但对犹太人来说，不论是极端正统派还是极端世俗派，这道长 488 米（约 1600 英尺）、高 56 米（约 184 英尺）的墙是地球上最为神圣的地方，他们一天要朝向那里祈祷三次。

超过一半的墙，包括位于街道下方的一系列隧道和小路，可以追溯到第二圣殿末期，一般认为是希律大帝在公元前 19 年左右建造的。然而，近来的事实表明，建造工作并未在希律生前完成。2011 年，考古发掘发现了一处古代净身池，位于耶路撒冷旧城的排水系统附近。这处古代"净身池"（希伯来文为 Mikve）建于希律时代之后，挑战了传统上认为西墙全

✡ 右图：在将近 20 年里，西墙并不在以色列的控制下，但在 1967 年 6 月 9 日，在六日战争的激战中，以色列士兵夺取了西墙。这张照片在以色列具有象征意义，因为它展示了世俗犹太人沉浸在当时的情绪中的情景。

✡ 下图：对犹太人来说，第二圣殿残留的最后遗迹——西墙，是世界上最神圣的地方。在这幅拍摄于 1929 年的照片上，犹太人正在西墙边祈祷。

部建于希律统治时期的观点。

从大约 2000 年前在圣地周围道路上进行的大量加固和维护工作中可以看出，作为朝圣之所，耶路撒冷尤其是圣殿山的重要性与日俱增。考古发掘已发现，完全处于地下的排水系统，从大卫城的西罗亚池（Siloam Pool）开始，一直延伸至西墙附近的考古公园。

据实施发掘的以色列文物局的考古学家说，被发现的遗迹出自不同时期。有些遗迹是希律决定扩建圣殿之前生活在该地区的人们建造的，那个时代的历史学家约瑟夫斯描述它是当时世界上最大的建筑工程。发掘期间，考古学家发现，净身池与西墙呈一条直线，里面有希律时代之后出现的硬币和油灯。硬币和油灯来自瓦列留厄斯·盖乌斯时代，盖乌斯在公元 17 年至18 年任犹地亚的执政官。由此，考古学家认为，至少一部分圣殿的扩建是在公元 17 年或 18 年完成的，在希律极为痛苦和血腥地死去（被认为在公元前 4 年左右）的二十年后。

这也意味着，罗宾逊拱门（从圣殿山西南角通向第二圣殿的阶梯的一部分）和附近的部分西墙是在希律之后修建的。约瑟夫斯还写道，在该工程竣工后，耶路撒冷的失业者暴增，超过了 8000 人。

现在，罗宾逊拱门附近的地方被一群被称作进步派（Progressive）的犹太教团体所使用。进步派包括改革派（Reform）和保守派（Conservative），他们不接受正统派（Orthodox）的教义。他们在西墙进行宗教仪式。在非正统派犹太教那里，男女在一起祈祷，甚至女性拉比带领祈祷，都是正常现象。而在正统派犹太教那里有着严格的性别区分，宗教仪式也只能由男性拉比领导。

今天，西墙每天吸引着数千参观者。一些人在祈祷，或者参与家庭庆祝活动，而其他人只是站在那里，惊叹于西墙的建造和历史。

任何人靠近西墙时都会看到，在石头缝隙中有白色的小纸团。这些纸上写着游客的祈祷词，他们相信自己能直接与全能的上帝交流。有的祈祷词是祝福所爱之人健康，有的祈祷好运，也有的祈祷和平。很多人都会放置小纸团，所以在犹太传统的逾越节和新年之前，当局会移走这些小纸团，并将其存放在附近的地方。

以色列邮政部门也设置了一个邮箱，用来寄送人们的祈祷词，还设置了一部传真机和一个电子邮箱。一些正统派犹太教团体已经在西墙上安装了网络摄像机，这样他们的支持者就可以一天24小时看到西墙的情况。

现在的西墙有一个广场，可容纳每天到来的数千祈祷者和游客。为给广场让路，以色列拆除了穆格拉比区，转移了 100 户阿拉伯家庭。

不幸的是，西墙也发生过暴力事件——在骚乱期间，穆斯林祈祷者登上圣殿山后，开始向下面的犹太人扔石头。

在西墙广场和圣殿山之间，有一座摇摇晃晃的桥——穆格拉比桥，就算是担心突然倒塌，也没有人敢去修理它，因为这样做会引发一场宗教战争。

埃及——希腊和罗马的统治

当亚历山大大帝死于公元前 323 年时，他统治下的帝国遭遇了一场激烈的内战，导致了两大敌对势力的出现——北部的塞琉古王朝和南部的托勒密王朝。被夹在中间的巴勒斯坦及其中心耶路撒冷，也成了持续冲突的源头和场所。在亚历山大死后的大约一百年中，统治巴勒斯坦的是托勒密王朝。第一位统治者是被称作"救世主"的托勒密（Ptolemy Soter），他采用的政策是将犹太人从巴勒斯坦运到埃及。在埃及，犹太人很快使用希腊语作为自己的母语——这一问题在未来成为犹太人在巴勒斯坦发生内讧的根源。

托勒密王朝的第二任统治者是"爱兄长者"托勒密二世（Ptolemy II Philadelphus，公元前 285 年—前246 年在位），他允许祭司和长老组成的议事会在巴勒斯坦进行一定程度的自治，而且只要他们每年缴纳

20塔兰德①的税（或贡品）——多少皆可。在托勒密二世的统治下，《圣经》被翻译为希腊文，此译本就是著名的"七十士译本"（Septuagint），它成为流散犹太人使用最多的《旧约》版本。

这些事态的发展是在托勒密王朝和塞琉古王朝间持续冲突的背景下进行的。公元前252年，由于托勒密二世的女儿贝勒尼基（Berenice）和塞琉古统治者安条克二世（Antiochus II）联姻，双方达成了临时停战协定，但好景不长，两个王朝之间的矛盾又逐渐加深，并陷入了激烈的战争中。

公元前221年，托勒密三世去世，继任者是"爱父者"托勒密四世（Ptolemy IV Philopater），他无疑是托勒密王朝历任统治者中最为残暴恶毒的一个。他甚至企图强行将自己的信仰带入犹太圣殿中的至圣所，并玷污那个地方。当他在公元前203年死去时，耶路撒冷的犹太人为此进行了庆祝。

最后一位统治巴勒斯坦和耶路撒冷的托勒密王朝君主是"神显者"托勒密五世（Ptolemy V Epiphanes）——尽管直到公元前30年克娄巴特拉死去托勒密王朝才终结。公元前200年，在约旦河谷发

---

① 塔兰德（talent）是古代中东和希腊－罗马世界使用的计量单位，可用来计算重量或作为货币单位。

✿ "救世主"托勒密（公元前 367—前 283 年）。他是亚历山大大帝麾下最伟大的统帅之一，自公元前 305 年开始统治埃及的国王。

生的帕尼翁战役中，安条克三世（Antiochus III）统治下的塞琉古王朝夺取了巴勒斯坦。他们控制了这一地区，直到公元前 63 年罗马人入侵。

耶路撒冷的犹太人最初是欢迎塞琉古王朝的统治的，因为他们结束了与托勒密王朝的持续战争。但公元前187年"大帝"安条克三世死后，塞琉古四世（Seleucus IV）继承了王位，耶路撒冷犹太人第一次感受到了塞琉古王朝的苛政。安条克曾败于罗马人，其继承者被迫向罗马缴纳数量惊人的贡物。为筹集这些钱财，耶路撒冷的犹太人遭到了重重盘剥。

一些人认为，拿钱给罗马的异教徒政府在道义上是正确的，而另一些人则认为这样做是有罪的。围绕此问题，犹太人间形成了两个对立的派别。在高级祭司奥尼亚斯周围形成了反塞琉古王朝的势力，这一群体被称为奥尼亚斯派（Oniads）。反对他们的是一个由奥尼亚斯的兄弟耶孙（Jason）领导的群体，耶孙试图通过伪造消息给塞琉古四世来破坏奥尼亚斯的地位，想借此为自己谋取到大祭司的职位。

但在公元前175年，也被称为"神显者"的安条克四世（Antiochus IV）谋杀了塞琉古四世，夺取了王位。他立即采纳耶孙的提议，赶走了奥尼亚斯，让耶孙取代了奥尼亚斯的位置。三年后，耶孙的追随者梅涅劳斯（Menelaus）背叛了耶孙，给了他很多钱，以此废黜了这位导师，自己坐上了大祭司的位置。

这时，耶路撒冷城里有的犹太人感到，这种贪污受贿是对自己宗教和一神信仰的背叛。他们被称为"虔诚者"（Chasidim），而他们改称安条克四世是"疯子"（Epimanes）。

当安条克在公元前169年入侵埃及时，耶路撒冷的犹太人得知他在战斗中被杀。听到这个消息后，被罢免的大祭司耶孙结束了流亡生活，他回来后将梅涅劳斯赶出了圣殿，恢复了曾经属于自己的崇高地位。但安条克并未被杀，他虽被打败，却依然生龙活虎，当他返回耶路撒冷后，就赶走了耶孙，恢复了梅涅劳斯的位置。为进一步进行羞辱，他突袭圣殿，偷走了里面大量的宝物。

公元前168年，安条克再次来到埃及，但这一次，罗马人站在了埃及人一边，制止了他的入侵。在承诺决不再试图入侵后，他才保住了性命。安条克对这次失利非常恼怒，一回到耶路撒冷，他就拆除了城墙，杀死大批居民。他下令销毁犹太经书，还允许士兵们将妓女带入圣殿，以此来玷污圣殿。安条克命令所有人都要敬拜希腊诸神，他还下令，任何行割礼的人，或者过安息日、其他犹太宗教节日和进行祭祀的人，都要被处以死刑。

安条克在实行这些新的打击犹太人的法令上所表现出的残暴，成了后世的传说。一位名叫以利亚撒的

耶路撒冷圣殿被毁灭。创作者是弗朗西斯科·海耶兹（Francesco Hayez，1791—1882）。

年长的文士因拒吃猪肉，而被鞭打致死。在另一个事件中，一位母亲和她的七个幼小的孩子因拒绝崇拜偶像，而在执政官面前被杀死。还有一个事件，两位母亲因将自己新出生的儿子行割礼，而被驱赶着游街，并被从城墙上扔下而摔死。

当安条克洗劫圣殿，还在里面为宙斯设立了一座祭坛，献上一头猪作为祭品时，哈西德派终于忍无可忍。由此，犹太人发起了一场大规模的反抗塞琉古王朝的起义——马加比起义（Maccabean Revolt）。

这场起义的领袖是哈斯蒙尼家族的马塔提亚（Mattathias），他杀死了一个支持塞琉古王朝的犹太人。当安条克的军队赶来后，马塔提亚和他的五个儿子逃到了犹地亚的荒漠和山地中。马塔提亚去世约一年后，公元前 166 年，他的儿子犹大·马加比（Judas Maccabee，也被称为"挥锤者"）率领一支由犹太异议分子组成的军队打起了游击战，并击败了塞琉古王朝军队。他们的首要目标是支持塞琉古的众多犹太人，犹太村庄里的异教祭坛也被捣毁，男童被施行了割礼，犹太人被强迫加入他们一边。

他们的策略最终收获了成果，打败塞琉古王朝后，他们得意洋洋地进入耶路撒冷，遵照仪式将圣殿打扫干净，在里面重建了犹太传统祈祷方式，并立约拿单·马加比为大祭司。直到今天，犹太人仍以"哈努卡节"（Chanukkah）来庆祝公元前166年对塞琉古王朝的胜利，这一节日通常在每年12月的下半月举行。

当罗马人取代塞琉古成为该地区的主要帝国力量时，他们授予哈斯蒙尼国王希卡努斯二世（Hyrcanus II，公元前79年）在大马士革的罗马总督管辖下行使有限的权力。犹太人对新政权充满了敌意，随后的多年间发生了多次反抗活动。为恢复哈斯蒙尼昔日的荣光，马塔提亚·安提格努斯作了最后尝试，但最终他被击败，在他死后，哈斯蒙尼王朝的统治也在公元前40年结束了，此后巴勒斯坦成为了罗马帝国的行省。

公元前37年，希卡努斯二世的女婿希律（Herod）被罗马人任命为犹地亚的国王。希律几乎可以全权处理犹地亚的内部事务，他还发起了一项大规模的建筑计划。他也把圣殿改造成了当时最辉煌壮丽的建筑之一。然而，尽管取得诸多成就，希律从未得到犹太国民的信任。

希律死于公元前4年，十年后，犹地亚归于罗马的直接管辖下。公元66年，由于对罗马镇压犹太宗教和文化生活的不满与日俱增，一场全国性的起义爆发了。

提图斯（Titus）是韦帕芗皇帝（在犹太人起义的

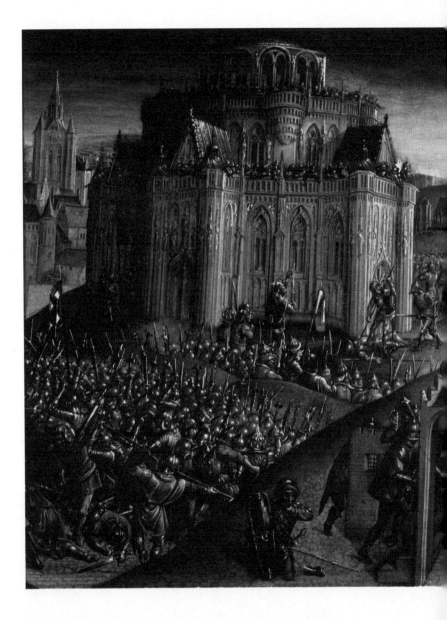

✡ 提图斯夺取耶路撒冷。这是一幅由弗拉芒画派画家创作的油画。[①]

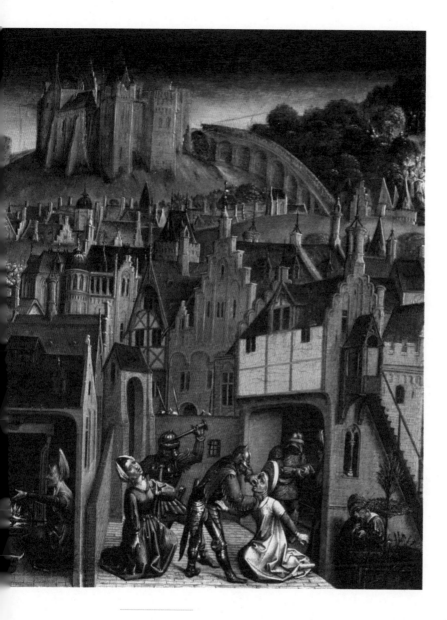

　　弗拉芒画派（Flemish School）是 14 至 17 世纪在弗兰德斯即今比利时北部地区涌现的一批画家的统称，他们在油画的题材和风格上，突出了讽刺性和写实主义，对后世绘画有重要影响，其代表人物有维米尔、勃鲁盖尔、鲁本斯和伦勃朗等。

前三年，他指挥了在犹地亚的行动）的儿子，他领导了罗马与犹地亚犹太人的斗争，后来他成为罗马皇帝。提图斯包围了耶路撒冷，他允许朝圣者进入该城庆祝逾越节，随后又拒绝他们离开，以此对该城居民食物和水的供应进行施压。在犹太战斗人员杀死许多罗马士兵后，提图斯派犹太历史学家约瑟夫斯与守卫者谈判。约瑟夫斯被箭矢所伤，犹太人对罗马人发起又一次突袭，差点俘虏提图斯。

提图斯全力摧毁了耶路撒冷新建的第三道墙，又同样破坏了第二道墙，并把注意力转移到了圣殿北边的区域。

但随着战斗的进行——以及约瑟夫斯的谈判无果而终——城里的食物、水和其他储备都在减少。

最终，罗马人取得了进展，设法夺取了圣殿附近的最后一个犹太前哨阵地——安东尼亚要塞。当一个罗马士兵向圣殿的墙上扔了一根燃烧的木棍后，火势凶猛，最后圣殿被烧毁。目前尚不清楚摧毁圣殿是否是提图斯的目标之一，因为他可能想把犹太圣殿变为一个敬奉罗马神灵的圣殿，并且把他献给罗马皇帝和众神。

罗马军团很快就瓦解了犹太人的抵抗。部分犹太人借助隐藏的地下通道逃走了，而其他人在上城（the

Upper City）① 进行了最后一搏。他们的抵抗阻止了罗马人的进攻，罗马人不得不开始建造围城用的塔楼。到 9 月 7 日，耶路撒冷彻底被罗马人控制，他们继续搜寻逃离的犹太人。

约瑟夫斯笔下的提图斯是较为温和的。谈判失败后，约瑟夫斯目睹了围城及其后的境况，在《犹太战记》（*The Jewish Wars*）中写道："现在没有军队要杀或搜刮的人，因为没有人是这支狂暴军队的目标……（提图斯）凯撒下令军队摧毁整座城市和圣殿，但应留下尽可能多的塔楼，因为这些塔楼有着无上的荣耀；这些塔楼是法萨卢斯、西皮克斯和玛丽安塔楼；有一大段墙环绕着城市的西侧。这段墙是备用的，以便为（上城的）驻军提供一个营地，塔楼（即三座要塞）也被作为备用，为的是向子孙后代展示这是一座什么样的城市，以及这座城市的防卫是如何坚固，而最后却被勇猛的罗马人攻破；但对（环绕耶路撒冷的）城墙的其余部分来说，它被人挖至墙根，如此彻底地被夷为平地，以至于没有留下任何东西使来到耶路撒冷的人相信那里曾有人居住过。

"而且真实情况是，放眼望去都是悲伤的情景；

---

① 指当时耶路撒冷西部位于山上的居民区，因地势高于耶路撒冷城内其他地方而得名。

对那些由树和美丽的花园点缀的地方来说，现在这些地方成了荒芜之地，那里的树都被砍倒了。任何一个先前看到过犹地亚和耶路撒冷最美丽市郊的外地人，现在看到的却是一个荒漠，他们只能对眼前发生的如此巨变感到哀恸和忧伤……"

约瑟夫斯称，有110万人在围城期间被杀，其中多数是犹太人，还有9.7万人被俘、被奴役，也有许多人逃往地中海周边区域。据说，提图斯拒绝被授予胜利花环，他说此次胜利并非自己的努力所得，他不过是充当了震怒的上帝的工具而已。

耶路撒冷和圣殿的被毁对犹太民族而言是灾难。约瑟夫斯记载，有几十万犹太人在耶路撒冷及其他地方被围时死去，另有数千人被变卖为奴。

犹太人在古代最后一次短暂拥有主权是发生在公元132年西蒙·巴尔·科赫巴起义（Shimon Bar Kokhba's revolt）后，其间犹太人再次夺回了耶路撒冷和犹地亚。然而，罗马人占有压倒性优势，结果无法避免。三年后，为符合罗马传统，耶路撒冷被公牛犁为平地，犹地亚也被改名为巴勒斯蒂尼亚（Palaestinia），耶路撒冷被改名为埃利亚·卡皮托利纳（Aelia Capitolina）。在其后的两千年里，犹太人无法再控制耶路撒冷，直到1948年。

✿ 在耶路撒冷被围期间（公元 70 年），弗拉维乌斯·约瑟夫斯（37—100）被带至提图斯（39—81）面前。

耶路撒冷被围

公元 70 年，由未来的皇帝提图斯率领，罗马人包围了耶路撒冷。这座城市在公元 66 年后处于犹太奋锐党人的控制下，如今提图斯率领四个军团将该城包围。谈判失败后，提图斯开始破坏城墙。在爆发街巷战斗之时，他表示，要求与犹太人达成交易，但再次失败。当战斗激烈，罗马人步步逼近圣殿时，一个罗马军团士兵不慎点燃了圣殿，最后圣殿被毁。这并非提图斯所愿，因为他曾想夺取圣殿，将其用于纪念罗马皇帝和罗马人敬奉的众神。

拿撒勒的耶稣与耶路撒冷

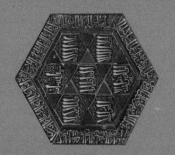

在耶稣生活的时代，他另一个为人熟知的名字是约书亚·本·约瑟，他并非出生于耶路撒冷。根据基督教传统所述，耶稣的父母由加利利的拿撒勒来到伯利恒，耶稣出生于伯利恒的一个马厩。拿撒勒位于耶路撒冷以北95公里（约59英里）处，伯利恒在耶路撒冷以南仅数英里处。耶稣是加利利的一个木匠约瑟和他十几岁的妻子玛利亚（阿拉米语称为玛丽阿姆）所生，耶稣只去过耶路撒冷几次，主要是在犹太节日去圣殿，后来他在这座城市度过了最后岁月，在公元33年被罗马人钉死在十字架上。《路加福音》记载了12岁的耶稣和他的家人去耶路撒冷"像往常一样"庆祝逾越节。

约瑟和玛利亚都是穷人，不比当地农民好多少。但据说约瑟是大卫家族的后人，而且根据犹太传统，弥赛亚将从大卫家族中出现。在约瑟生活的时代，耶路撒冷是一个伟大繁荣的世界性大都市，也是得到完好修复的犹太圣殿的所在地。耶稣的家乡加利利无法与耶路撒冷相提并论。耶路撒冷是该地区最大的城市之一，人口达 8 万，在逾越节、五旬节和住棚节，犹太人朝圣者前往圣殿之时，耶路撒冷的人口会增长三倍多。

这个从乡下来的 12 岁男孩应该见过一处巨大的建筑物，它被一道高 30 米（约 100 英尺）的墙环绕着。这座建筑物不是圣殿，而是圣殿所在的巨大平台。这座城市正在经历一场复兴。尽管巴比伦人在公元前 586 年摧毁了耶路撒冷大多数的原始辉煌建筑，但在犹太人结束 50 年的流亡回到耶路撒冷后，他们开始了重建事业。不过，耶路撒冷再次变得伟大，是在公元前 37 年至公元前 4 年希律大帝统治时期。

约瑟夫斯在他的《犹太战记》中说，耶路撒冷到处都是奇观。一个有说服力的例子是本丢·彼拉多（Pontius Pilate）的住宅，它是一处地标性建筑，所有人都可看到。在这座住宅里，彼拉多判处耶稣钉死

✡ 右图：根据犹太传统，弥赛亚（即受膏者）将骑着一头白色的毛驴来到耶路撒冷。这幅壁画描述了上述情景，它由意大利艺术家乔托·迪·邦多纳（Giotto di Bondone）创作于 14 世纪，取名为"耶稣进入耶路撒冷"。

在十字架上，耶稣也是从这座住宅出发来到了各各他（Golgotha），最终他在各各他死去并被埋葬在那里。然而，这里存在一个问题：信徒们称圣墓教堂（Church of the Holy Sepulchre）标记着十字架刑处死耶稣的地点，在耶稣的时代位于这座城市普遍被接受的边界内，而作为统治者的罗马人以十字架刑罚处死犯人是在城外，且罗马人禁止在城墙以内进行埋葬。对此问题有许多不同的解释，这些解释主要基于不同时期耶路撒冷边界的变化情况。

在耶稣的时代，通向圣殿的阶梯一直是耶路撒冷城市生活中一个熙熙攘攘的典型地方，那里挤满了精英和乞丐，还混杂着小贩的叫卖声和先知、学者的讲课声。这是一个小城市，却有数千教士和其他圣殿侍者，许多有钱人被征收了巨额的税款，而且在节日期间，从那里举行的动物祭祀和其他祭祀中，这座城市赚取了一大笔钱。

考古证据显示，耶路撒冷的精英在建在石砌内庭周围的两层楼里生活优渥。他们有独立的浴池，用来平时和仪式性的洁身，地板上还有精美的马赛克图案，墙上有模仿石墙的壁画或灰泥错视画。考古学家还发现了做工精致的玻璃杯和精美的香水瓶。这些地方当然是精英上层居住的房屋，而耶路撒冷更多的居民是穷人。"中产阶层"如小商人、工匠和收税员会一直在家里和当地犹太会堂接受教育。

那时候的大祭司是该亚法（Caiaphas），他由瓦勒利乌斯·格拉图斯（Valerius Gratus）任命，格拉图斯可能通过贿赂，接替本丢·彼拉多，成为罗马的地方行政长官。该亚法的工作是保卫圣殿，反抗外族统治的起义通常在圣殿里酝酿。耶稣以及其他想摆脱"国外压迫"和外族习俗的人被视作是对现状的威胁。如果这对圣殿来说是坏的，那么对罗马人和犹太人来说也是坏的。

但据《福音书》所说，耶稣有另一番愿景。他认为外族非犹太人对耶路撒冷和圣殿的控制很快就会结束，"末日"将很快到来。虽然耶稣在谈话中——正如四大《福音书》中所说（必须承认，耶稣相关所言是在很久之后才传播开来）——提到了社会公正和革命，但他的看法是对末日之后的岁月的一种非常犹太式的解读。这种看法出现在《马太福音》第5章第3—12节中耶稣对有福之人的评说："虚心的人有福了，因为天国是他们的。"这是关于弥赛亚时代的一种非常具有犹太特征的观点。耶稣没有发明或发现基督教——他甚至未将自己看作是弥赛亚——他的12个门徒亦如此。基督教出现较晚，它出自扫罗——后来的

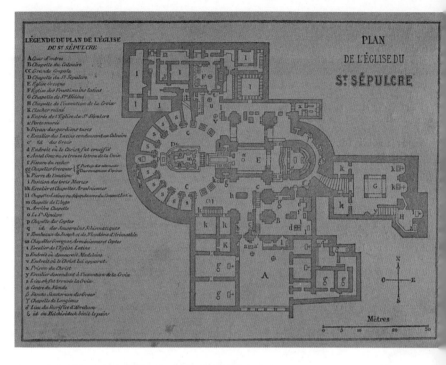

✡ 上图：这是一张 19 世纪时的有关圣墓教堂的法语设计图，圣墓教堂据说是耶稣被钉死在十字架上和被埋葬的地方。圣墓教堂由拜占庭皇帝君士坦丁的母亲海伦娜建于公元 325 年至326 年。

✡ 右图：耶稣受十字架刑图。创作者是传奇的弗拉芒画派大师彼得·保罗·鲁本斯（Peter Paul Rubens）。

保罗——的著作中，在犹太律法的教导之外，他开辟出了一条新的道路。

耶稣所宣讲的激进教义引起了瞩目，尤其得到希律·安提帕斯的注意，他相信耶稣是"施洗者约翰"的化身。希律忌恨约翰，后来将其处死。希律威胁要逮捕耶稣，但这位拿撒勒的儿子得到一些法利赛人（Pharisees）的提前告知，逃脱了希律的控制。

耶稣和他的支持者不顾警告，在公元 33 年的逾越节，这座城市正是最拥挤的时候，进入耶路撒冷。可以说，这一挑衅举动不会让希律和他的罗马上层统治者感到高兴。

在被钉死在十字架上前，耶稣及其信徒进行了一场"最后的晚宴"——据推测，这是犹太传统的逾越节进餐。晚宴地点在最后的晚餐室（Cenacle），位于锡安山上一座建筑的第二层楼上，据说大卫王的墓在那里。

在耶路撒冷的第三天，在大祭司该亚法的支持下，希律下令逮捕耶稣，后将其带至罗马地方执政官彼拉多面前，彼拉多是个充满仇恨、恃强凌弱的人物，热衷于展现权力。

审判期间，彼拉多控告耶稣是"犹太人的王"，耶稣表示拒绝，说："你这样说。"（《路加福音》第23章第3节）。耶稣的回答未能让彼拉多满意，他下令判处死刑，将耶稣钉死在十字架上，这是一种通常适用于普通犯人的刑罚。钉死在十字架上是一种典型的罗马刑罚，因为犹太领导层和祭司没有判处罪犯死刑的权力。

耶稣沿着花园门，离开了耶路撒冷，被带至各各他（即骷髅地），那里有起伏的花园和岩石墓地，是这座城市执行死刑的地方。

耶稣死后，他的追随者继续传播他的信条，他们实际上是一支以圣殿为基地的信奉末世论的犹太人教派。和耶稣类似，他们愤怒地反对把圣地变成物质主义和商业中心的当局。在十二个门徒的一生中，这些犹太基督徒（Jewish Christians）认为自己的使命是在罗马帝国境内的传统犹太社团中间传播他们的信仰。

✡ 右图：这是一幅由马丁·费厄斯坦（Martin Feuerstein）在大约1898年创作的油画，描绘了在去往苦路[①]的第三站途中耶稣第一次摔倒的情景。

① 根据基督教传统，苦路（Via Dolorosa）是耶稣从被鞭打的地方出发到刑场时所走过的路，沿途共十四处。

后来，通过大数扫罗（或称保罗）的努力，"犹太基督徒"这一称呼传布的范围更广了，在此后的历史进程中，尽管耶路撒冷一直是基督教信仰的核心，但不再是基督教发展的中心。

耶稣被钉死在十字架上

在被钉死在十字架上前，耶稣就遭到了残酷的对待，受到了鞭笞（鞭的顶端是金属或骨头）。这种刑罚在十字架刑前就杀死了很多受害者。耶稣也受到了羞辱，被迫戴上由百夫长事先准备的牌子，上面写有"耶稣，犹太人的王"。耶稣被带出避难处，向上城走去，当他走在现在所称的"苦路"的时候，他的支持者们在哭泣。他敦促支持者们不要哭，原因是（据《福音书》所载）他认为，他们的生活很快将变得更好，因为弥赛亚时代就快到了。古利奈人西门（Simon of Cyrene）被一些支持者催促去帮助他背负十字架。

耶路撒冷与伊斯兰

耶路撒冷是继麦加和麦地那之后，逊尼派伊斯兰教的第三大圣地。根据伊斯兰传统，所有早先的先知——尤其是亚伯拉罕、大卫、所罗门和耶稣——都与耶路撒冷有关联，而且最后的先知穆罕默德骑着神马布拉克夜行来到了这座城市。对早期的穆斯林来说，耶路撒冷是祈祷时面对的"基卜拉"（qibla，意为祈祷时的朝向），而且穆罕默德指定那里的阿克萨清真寺为朝圣地。《古兰经》第17章称："荣耀归于他（真主），他在夜间带着自己的仆人从神圣的清真寺到最远的清真寺，他治下的所有地方，我们都要保佑。"值得注意的是，耶路撒冷的名字未被提到，这就产生了可以得出不同解释的可能性。事实上，在穆斯林的神圣经书中，耶路撒冷未在任何地方被特别提及。

　　伊斯兰教在公元636年底来到圣地和耶路撒冷。

欧麦尔哈里发（Caliph Omar）①的军队带着安拉及其先知穆罕默德（死于公元632年）的言辞，离开了阿拉伯半岛，抵达了黎凡特和北非（两地当时受拜占庭控制）。

由于巴勒斯坦其余部分落入穆斯林之手，剩余的拜占庭士兵集中在了耶路撒冷，在首领索夫罗涅斯（Sophronius）的领导下他们试图在那里坚持抵抗。索夫罗涅斯是一个希腊知识分子，在他创作的诗中，他为这座城市唱过赞歌。他写道，"锡安，是天地万物中光芒璀璨的锡安"。然而，他的抵抗是徒劳的。

当时，阿拉伯军队由阿布·乌贝达·伊本·贾拉（Abu Ubaydah ibnal-Jarrah）率领，他是先知穆罕默德最早的十个同伴之一。阿拉伯军队称耶路撒冷为"伊利亚"（Ilya），先前罗马人称之为埃利亚·卡皮托利纳（Aelia Capitolina），此后伊利亚就成了这座城市的阿拉伯名字。

公元638年耶路撒冷被围，围城持续了六个月，但拜占庭的守卫非常虚弱，以至于守城领袖开始谈判放弃该城。守城领袖同意缴纳"基兹亚"（jizya，穆斯林统治的国家中非穆斯林缴纳的一种人头税），条

---

① 根据伊斯兰传统，哈里发（Caliph）是先知穆罕默德的继承者和穆斯林国家的领袖。

件是欧麦尔哈里发来到耶路撒冷签订条约，并接受他的投降。

穆斯林试图骗过索夫罗涅斯，派了一个人来冒充哈里发，但诡计败露，冒充者被认出。计策失利后，阿布·乌贝达将相关情形写信告诉了欧麦尔哈里发，并邀请他来到耶路撒冷，亲自接受这座城市的投降。

欧麦尔答应了手下将军的请求，在公元638年4月初去了圣地和耶路撒冷，签订了一份被称为《欧麦尔协定》的条约。这样，索夫罗涅斯交出了耶路撒冷，条件是基督徒（但他们须缴纳基兹亚）的宗教和公民的自由必须得到保证。4月底，投降协定生效，欧麦尔进入了耶路撒冷，与他并排骑行的是昔日的对手索夫罗涅斯。

欧麦尔允许犹太人居住在耶路撒冷，他们还可以在这块圣地上祈祷，这在将近500年里是第一次。穆斯林的编年史记载称，在黎明祈祷时，索夫罗涅斯发出了一份邀请，请欧麦尔在圣墓教堂内祈祷。然而，欧麦尔拒绝了，他担心自己的穆斯林追随者会以此为借口，将这座教堂变为清真寺，如此便违反了刚签订的条约的规定。

欧麦尔在耶路撒冷停留了十天，其间他被带至圣殿山，看到了"登霄石"。根据穆斯林传统，这块

✿ 这是一幅创作于 19 世纪的彩色版画，描绘了公元 638 年欧麦
尔哈里发进入耶路撒冷的情景。欧麦尔哈里发是个仁慈的领袖，

他允许犹太人和基督徒在耶路撒冷祈祷。他还下令建造岩石圆顶清真寺。

石头是穆罕默德从麦加"夜行登霄"（包括 Isra 和 Mira'aj 两个阶段）的地方。后来的穆斯林传统认为，欧麦尔帮助清扫了这块地方，并发现了这块石头。后来，欧麦尔下令将这块地方用栅栏隔开，并在附近建造一座清真寺。据当时居住在耶路撒冷的高卢主教阿尔努夫（Arculf）描述，这座清真寺为矩形，可容纳 3000 名祈祷者。在倭马亚哈里发阿卜杜勒·马利克（Abd al-Malik）统治时期（685—705），这块地方得到进一

✿ 耶路撒冷一直得益于贸易、旅游业和商业，图中耶路撒冷旧城的阿拉伯区一处市场就展现了这一点。

120

步发展，马利克在这里建造了岩石圆顶清真寺，以与附近壮观的教堂竞争。

十字军东征后，基督徒和穆斯林都认为岩石圆顶清真寺是所罗门圣殿的一部分，圣殿骑士团也在那儿建立了据点。圣殿骑士团在欧洲的一些教堂借鉴了岩石圆顶清真寺的多边设计风格，其中包括位于伦敦、建于 12 世纪的内殿教堂（Inner Temple）——丹·布朗（Dan Brown）所著《达·芬奇密码》（*The Da Vinci Code*）中有提及，其圆顶的中殿部分很容易令人联想到岩石圆顶清真寺。

岩石圆顶清真寺附近坐落着银顶的阿克萨清真寺。阿克萨意为"最远的"，表示这是穆罕默德骑着布拉克夜行时所到达的最远处。该清真寺在任何指定时间都可容纳约 5000 名祈祷者，是耶路撒冷最大的清真寺，其多样化的建筑风格代表多个世纪以来控制耶路撒冷的几位统治者留下的各种影响。

今天，穆斯林占耶路撒冷及其周边区域人口的近30%，他们主要居住在该城东部和北部的郊区和村庄。

有一些家族在伊斯兰出现之后就一直住在那里，包括希沙克里家族、胡塞尼家族、朱达家族、努赛贝家族和卡扎兹家族，他们在五百年中曾担任圣殿山上的宣礼师（Muezzin）。

✡ 1998 年，在耶路撒冷圣殿山上的岩石圆顶清真寺附近，巴勒斯坦人正在进行星期五祈祷。

由于以色列和巴勒斯坦人之间的政治关系，耶路撒冷的犹太人和穆斯林之间一直关系紧张。以色列在1967年的六日战争中占领了这座城市的部分地区，这让穆斯林感到疏离，这种情绪有时会导致暴力和流血事件的发生。

十字军东征

十字军东征在穆斯林和基督徒之间造成大量死亡、损毁和敌意。十字军东征是一个人的想法。教皇乌尔班二世（Urban Ⅱ）认为，恢复罗马天主教的荣耀和曾经的辉煌是自己的终生使命。为此，乌尔班二世一方面不得不阻止塞尔柱突厥人在破碎的拜占庭帝国夺取更多土地，另一方面他必须从萨拉森人^①手里再次得到圣地及其中心耶路撒冷的控制权。

十字军东征的念头始于公元 1095 年 3 月召开的皮亚琴察会议，当时乌尔班接待了拜占庭皇帝阿莱克修斯·科穆宁一世（Alexios I Komnenos，1081 年—1118 年在位）的一位大使，科穆宁一世希望共同抵抗穆斯林突厥人，他们已经占领了昔日拜占庭安纳托利亚的大部分地区。在 11 月召开的克勒芒会议上，据说乌尔

---

① 萨拉森人原指今叙利亚至阿拉伯半岛一带的阿拉伯游牧民，是中古时期阿拉伯人的统称。

✡ 左图：这幅画取自塞巴斯蒂安·马默利特（Sebastian Mameret）创作的《海外航行》（*Les Passages Fait Outremer*），描绘了第一次十字军东征时期的一次战斗。

班在讲道中要求民众尽力将圣地和东正教教堂从突厥人手里夺回来。

第一次十字军东征（1096—1099）是一场武装起来的朝圣之旅，除非在圣墓教堂里祈祷过，否则没有哪个十字军士兵会认为自己的旅途是完整的。

在耶路撒冷被围期间（1099），那里的犹太人和穆斯林共同对十字军作战。城墙之外，十字军斗志涣散。天气炎热，他们的供水很少——他们控制的许多水井都被投了毒——而且他们的马匹因炎热而死去或被用作食物。但在宗教热情的驱使下，十字军吹着号角，举着旗帜，绕着这座城市行军，一些士兵光着脚。十字军在武器、人力和策略上都占据绝对优势，所以当地居民并无胜算。在多个围城塔楼的帮助下，十字军向城墙推进，经过几个小时的惨烈战斗，这座城市就沦陷了。没有逃走的人遭到屠杀，十字军还抢劫或摧毁了犹太会堂、清真寺以及城市的大部地区。

随着战斗的结束以及十字军控制了这座城市，戈德弗雷（Godfrey）占领的是一座化为灰烬的城市。他只有300名骑士和2000名士兵，城里幸存的市民很少。

快到年底时，戈德弗雷被迫将这座城市让给他的兄弟埃德萨伯爵鲍德温（Baldwin），鲍德温正执行教皇的命令，去建立一个宗教王国。鲍德温在伯利恒的圣诞教堂获得加冕，并被命名为耶路撒冷的"拉丁人之王"。

1118年，在一次对埃及的突袭中，鲍德温病倒后去世，他的王位由堂兄鲍德温二世继承。他把圣殿山留给了圣殿骑士团，这一团体因忠贞、清贫和严守纪律而闻名。他们起初规模很小——仅有9名骑士，但后来发展为一支由300名骑士组成的强大力量。

此后，耶路撒冷迎来了一段相对和平、相安无事的时期，但在穆斯林征服埃德萨小城后，一支新的十字军被克莱尔沃的伯纳德（Bernard of Clairvaux）催促着出发了。1147年，法国以及德国南部的军队向耶路撒冷进发，但一无所获。

耶路撒冷这时逐渐发展为士兵们的栖身之所，这些士兵来自整个西欧，从北部的挪威到南部的意大利。他们与东边的基督徒、亚美尼亚人、格鲁吉亚人、希

耶路撒冷圣墓教堂的入口，据说建于公元 335 年。现存的教堂建于 1810 年，但原址存在争议。君士坦丁所建部分还可寻到部分遗迹，而后来在其基础上建造的教堂被突厥人和鞑靼人摧毁了。

✡ 上图：1187年10月，阿尤布王朝的建立者萨拉丁（Saladin）进入耶路撒冷。12世纪，随着库尔德穆斯林领袖萨拉·阿-丁（Salah al-Din，萨拉丁）的出现，十字军遇到了对手。

✡ 左图：1877年左右古斯塔夫·多尔创作的《安提俄克大屠杀》（The Massacre of Antioch）。十字军东征是历史上的惨烈一页，它不仅仅是基督徒与犹太人和穆斯林之间的战斗，而且在西方教会、东方教会哪一方才是显赫的教会这一问题上，基督徒之间还存在着争斗。

腊人和叙利亚人混在一起。这时也涌入了许多从热那亚和威尼斯来的商人，加上士兵人数的增多，酒馆和妓女也多了起来。

在将近40年的时间里，穆斯林领袖没有用自己的宗教热情来反击十字军的狂热。然而，1137年，摩苏尔和阿勒颇的穆斯林统治者桑吉感到他的部众热情日益高涨，于是开始筹划恢复伊斯兰的荣耀。

在这种背景下，穆斯林开始奋力夺回他们曾在近半个世纪前被夺走的东西。远在东方，一股新的力量在崛起。勇猛的库尔德国王萨拉丁（阿拉伯语名为萨拉·阿－丁）此前在今天的伊拉克与对手战斗，现在他想去进攻十字军王国。由于在和十字军王国的争斗上投入很多，萨拉丁进展很快，1187 年 7 月 4 日，十字军在哈丁战役中全军覆没。同年 10 月，萨拉丁占领了耶路撒冷大部。

穆斯林对耶路撒冷的占领引发了第三次十字军东征（1189—1192）。法国国王腓力二世（Philip II，1180 年—1223 年在位）加入了国王理查一世（Richard I，狮心王，1157—1199）和神圣罗马帝国皇帝“红胡子”腓特烈一世（Frederick I，1122—1190）的行列。对“红胡子”来说，不幸的是，他在途中淹死了，没能到达圣地。腓力和理查最初还共同行进，但在里昂时英国军队和法国军队分开了，理查决定渡海，而腓力准备走陆路。在墨西拿再次会合后，他们继续向圣地进发，并包围了阿克。攻下阿克后，1189 年 6 月 12 日，腓力因痢疾而病倒，后无心恋战。对于理查独自夺取阿克，腓力愤愤不平，决定返回法国。

1191 年，理查一世抵达圣地，并在阿尔苏夫战役中击败了萨拉丁，又在1192年的雅法战役中收复了沿海大部，但他未能收复耶路撒冷以及萨拉丁占据的任何内陆区域。1190年，来自意大利北部孟斐拉的康拉德与耶路撒冷的伊莎贝拉结婚，成为了耶路撒冷事实上的国王，并在1192年被正式选立为君主——几天后他便去世了。康拉德死后，已怀孕好几个月的伊莎贝拉与香槟伯爵亨利二世结了婚，他是理查一世的外甥和亲密伙伴。

随着《拉姆拉条约》的签订，十字军东征在1192年和平结束。萨拉丁允许朝圣者来到耶路撒冷在基督教圣地祈祷，此后多数十字军士兵返回了家乡。那些留在圣地的十字军重建了他们的王国，创立了多个小的十字军国家，其中包括耶路撒冷王国，在这个王国里有12万说法语的西方基督徒。法兰克人，他们统治着超过35万穆斯林、犹太人和当地的东正教徒，这些人自公元638年穆斯林统治以来就一直居住在当地。

直到13世纪中期，欧洲基督教试图利用萨拉丁死后穆斯林内部出现的矛盾，又进行了几次十字军东征。在1215年的第五次十字军东征时，奥地利和匈牙利军队加入了耶路撒冷国王和安提俄克王子的行列，以夺回耶路撒冷，他们在那里遇到了卡米尔苏丹（Sultan al-Kamil）。在1228年至1229年的第六次十字军东

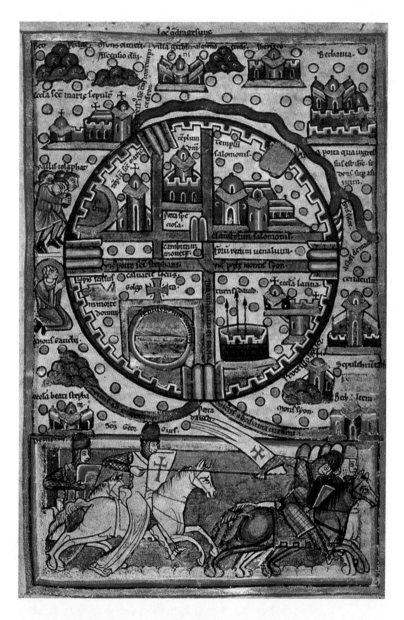

十字军试图占领犹太人、基督徒和穆斯林在整个中东的圣地。这是一幅 12 世纪时的耶路撒冷和巴勒斯坦地图，这上面包括圣地和所罗门圣殿。

征中并没有战斗发生，因为腓特烈二世与卡米尔达成了和解。在卡米尔身上，腓特烈发现了一种类似的精神，他们都对哲学和艺术感兴趣。他们达成的协议允许基督徒统治耶路撒冷大部以及阿克至耶路撒冷的狭长地带，而穆斯林得到了岩石圆顶清真寺和阿克萨清真寺的控制权。今天，一些人认为这可以为以色列和未来的巴勒斯坦国之间达成协议提供一个蓝图。

1225 年，腓特烈娶了耶路撒冷王国的女继承人约兰达，三年后约兰达死去时，他自己加冕为耶路撒冷国王。和平持续了大约十年，由于穆斯林不满卡米尔放弃对耶路撒冷的控制，他们围困着耶路撒冷，但一直到 1244 年才再次夺取这座城市。

萨拉丁

萨拉·阿－丁·优素福·伊本·阿尤布（1138—1193）是一个库尔德穆斯林，也是埃及和叙利亚的第一任苏丹和阿尤布王朝的建立者。萨拉丁因具备骑士精神和公平正义感而为人所知，他是一个很难对付的斗士，其在哈丁战役的成功就说明了这一点。因严格遵守逊尼派伊斯兰教义，他成为了一个著名人物。在他的全盛时期，萨拉丁的统治范围包括埃及、叙利亚、

✿ 这是一件 15 世纪的泥金装饰手抄本，出自《大卫·奥伯特编年史》（*The Chronicle of David Aubert*），描绘了伊贝林的巴里安投降并交出大卫塔钥匙的情景。

美索不达米亚、汉志[①]和也门。萨拉丁聪慧且受过良好教育，在伊马丁·赞吉的军队中，他一路晋升，最终成了阿勒颇的摄政王和赞吉王朝的统治者。1171 年，萨拉丁在埃及建立了阿拔斯哈里发王朝，并以此为据点继续征服更多土地。1187 年，萨拉丁占领了耶路撒冷，并抵挡住了第三次十字军东征对耶路撒冷的进攻。虽然萨拉丁和"狮心王"理查同意签订条约，将理查的姐妹和萨拉丁的兄弟联姻，但他和理查从未碰面。1193 年 3 月，理查离开圣地后不久，萨拉丁死于一次发热。

---

① 汉志（Hejaz），一译"希贾兹"，位于今沙特阿拉伯西部沿海，境内包括麦加和麦地那两座伊斯兰教圣城。

圣墓教堂

沿着耶路撒冷旧城迷宫般的小巷行走，在基督徒崇敬的地方各各他——据说耶稣在那里被钉死在十字架上并被埋葬——坐落着圣墓教堂，东正教教会也称其为"耶稣复活教堂"（the Church of the Resurrection）。圣墓教堂里有受膏石，基督徒相信在这块石头上面，耶稣的身体被亚利马太的约瑟所整理并埋葬。这一传统似乎自十字军东征以来才出现，而现在的那块石头 1810 年时才出现在那个位置。

　　至少从公元 4 世纪以来，基督徒就开始到圣墓教堂朝圣。今天，圣墓教堂是耶路撒冷希腊正教牧首区的总部。其建筑被许多相互竞争的基督教团体所控制，其数个世纪的布置变化如附近的小巷一般迷幻。

　　责任的划分意味着，没有哪一个基督教团体被允许控制这座建筑，每个团体在公共区域的祈祷时间和地点有着严格的规定。事实上，对这座建筑最终的控制出自各基督教团体的联合。1192 年，萨拉森人的传奇领袖萨拉丁将圣墓教堂主大门的控制权交给了穆斯林中的努赛贝家族。

今天，圣墓教堂是东正教教会和基督教东方教派（如科普特教会）以及罗马天主教教会的所在地，上述教会都被认为是最早的几个教会。宗教改革后的教会如圣公会和路德会在圣墓教堂并无永久的存在。

圣墓教堂一直是个做礼拜的地方，但并非一直是个教堂。在公元 2 世纪初，圣墓教堂所在地是供奉阿芙洛狄忒的神殿。公元 4 世纪，第一位信奉基督教的罗马皇帝君士坦丁下令拆除神殿，他指定自己的母亲海伦娜在神殿所在地建造一座教堂。大约在公元 325 年，海伦娜来到耶路撒冷监督施工，据说海伦娜亲自参与建造，甚至有说法称她发现了"真十字架"——传说耶稣在上面被钉死。东正教庆祝圣墓教堂落成的周年纪念日是 9 月 13 日（根据罗马儒略历），而天主教格里高利历是 9 月 26 日。

圣墓教堂曾遭大火损坏，"真十字架"也在公元 614 年被人抢夺，当时耶路撒冷被波斯人征服。公元 629 年，作为结束波斯－拜占庭战争而签订的和平条约的一部分，希拉克略皇帝（Heraclius，公元 610 年—641 年在位）归还了"真十字架"。

左立者为神圣罗马皇帝君士坦丁（他将自己的帝国改信了基督教），右立者为君士坦丁的母亲海伦娜，中间为传说中的十字架，为海伦娜所发现。这幅画由西玛·达·科内利亚诺（Cima da Conegliano）创作于1502年，现藏于意大利威尼斯布拉戈拉的圣乔瓦尼教堂。

由于穆斯林将耶稣视为伊斯兰的先知之一，所以早期的穆斯林统治者保护耶路撒冷的基督教场所，不许其被破坏，也不许将其用作住宅。但在大约 10 世纪末时，圣墓教堂的门和屋顶在一次骚乱中被烧毁。

穆斯林对圣墓教堂的保护是模糊的。1009 年，法蒂玛王朝哈里发哈基姆·本－阿穆尔·阿拉（公元 996 年—1021 年在位）因恼怒于复活节期间来耶路撒冷朝圣的庞大人群，于是下令将圣墓教堂彻底摧毁。基督徒作家叶海亚·伊本·萨义德称，一切都被夷为平地，"除了那些无法被摧毁或者太过困难而无法移走的东西"。圣墓教堂最后只留下了地基，其他皆被毁。

欧洲对此大为震怒，很多统治者指责犹太人，他们被驱逐出几个

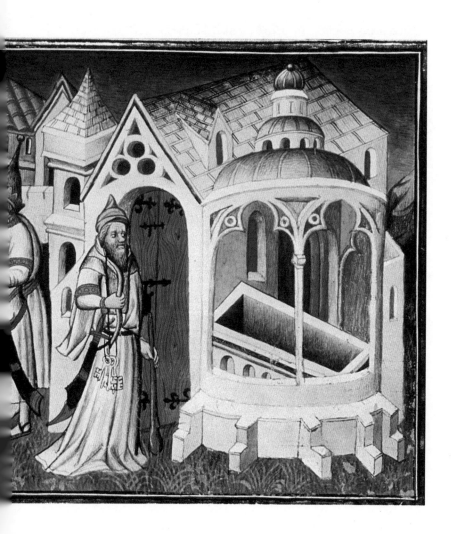

圣墓教堂前的朝圣者。出自法国书稿彩饰大师布西考特和他的工作室创作的《世界奇迹之书》（*Livre des Merveilles de Monde*）。该书通常指《马可·波罗游记》（*The Travels of Marco Polo*），是关于马可·波罗旅行的故事集，由马可·波罗讲述，比萨的鲁斯蒂谦（Rustichello da Pisa）整理完成。

法国城镇。然而，1027 年至 1028 年达成了一项协定，哈基姆的儿子和继承人阿里·阿兹 – 扎希尔（Ali az-Zahir）同意重建教堂并重新对其进行装饰。这项工程最终在 1048 年由拜占庭皇帝"单打独斗者"君士坦丁九世（Constantine IX）和君士坦丁堡牧首尼西弗鲁斯（Nicephorus）完成。作为交换，他们同意在拜占庭首都重新开设一座清真寺，在这座清真寺的讲经中将赞美阿兹 – 扎希尔。

在释放 5000 名穆斯林囚犯之外，拜占庭还要求复建被哈基姆拆除的其他教堂，并在耶路撒冷再次设立牧首。虽然拜占庭在这个项目上花费巨大，但现有资源远不足以应对全面的建造工程，所以新建成的教堂主要集中于圆形大厅及其周围建筑。

由于不同穆斯林统治者之间权力平衡的转移，在法蒂玛王朝（以埃及为中心）和对手阿拔斯哈里发（以巴格达为中心）的塞琉古王朝之间，对耶路撒冷的控制也交替变化了数次。

12 世纪，圣墓教堂再次得到修复，编年史家提尔的威廉对此有记载。在修复期间，十字军发现了哈德良所建神殿的部分地面，他们还决定建造一座纪念海伦娜的小教堂，并挖掘了一条通向它的梯道。这座教堂在翻修时运用了罗马风格，增加了一座钟楼。这些翻修将周围的数座小教堂连成了一体，到 1149 年，在梅丽森德女王统治时期，所有神圣之所最终成为一座建筑，这座教堂也成为拉丁牧首的所在地。

虽然圣墓教堂在 1187 年萨拉丁征服后落入穆斯林之手，但第三次十字军东征后签署的协定允许基督徒朝圣者继续参拜此地。和耶路撒冷的其他地方一样，圣墓教堂在 1229 年被腓特烈二世皇帝夺回，得以短暂重由基督教控制，但其在 1244 年因花剌子模人的洗劫而再次沦陷。

尽管朝圣者越来越多，圣墓教堂却受到冷落，所以在 1555 年，方济各会修道士进一步对圣墓教堂进行了修缮。此后，对圣墓教堂的控制在方济各会和东正教会之间易手数次，这取决于哪一方能从奥斯曼当局那里获得较为有利的命令。贿赂和暴力冲突并不少见。

1808 年，教堂建筑在一场大火中遭到严重损毁，导致圆形大厅的穹顶坍塌，撞碎了外面的装饰。1809 年至 1810 年，圆形大厅和教堂神龛的外部用巴洛克风格进行了重建。

1853 年的另一道"菲尔曼"（firman，奥斯曼苏丹颁布的敕令）稳固了几方当时的地域划分范围，为"永远维持现状"作了安排，这导致了关于教堂维护甚至微小改动都无法解决的意见分歧，包括移走一扇窗户

✡ 在东正教复活节期间圣墓教堂
燃起的"圣火奇迹"。数千东
正教教徒在这里庆祝复活节。

下的外部阶梯的分歧。150多年过去了，阶梯仍在那儿。

甚至在1853年达成和解后，圣墓教堂仍被周而复始的暴力事件所困扰。2002年夏天，一名科普特修道士将自己的椅子从相关协定允许的阴凉处移走，引发埃塞俄比亚人对科普特信徒的攻击，11人因斗殴受伤。2004年，在东正教会举行"举荣圣架节"（the Exaltation of the Holy Cross）期间，方济各会礼拜堂的门半开着，这被东正教群体视为冒犯，于是发生了另一场打斗，多人被捕。2008年的圣枝主日（Palm Sunday），暴力再次出现，起因是一名希腊修道士被另一个教派的成员从圣墓教堂中驱逐，前去营救的警察也遭到一伙狂热暴徒的攻击。

马穆鲁克

在 1244 年失去对耶路撒冷的控制后，十字军未能在该城夺回任何据点，于是这座城市落入了马穆鲁克（Mamluks）的手中，他们在 1260 年至 1516 年间统治着耶路撒冷。

马穆鲁克最初是埃及阿尤布王朝苏丹（萨拉丁的继任者）的警卫。他们出生在埃及之外的地方——在今俄罗斯的南高加索——且在被当作奴隶买入时，他们还是婴幼儿，所以除了苏丹，他们不效忠于任何人，由此他们成了苏丹的精锐军事力量。

在 1249 年萨利赫·阿尤布苏丹（Sultan as-Salih Ayyub）死后，马穆鲁克实力大增，在 1260 年夺取了苏丹统治的区域（包括耶路撒冷）。在 250 年的执政时期，他们是一个强大的武士统治者阶层，直到 1516 年被奥斯曼帝国击败并征服。马穆鲁克的统治中心也从开罗转移至大马士革。

在马穆鲁克眼中，耶路撒冷对三大一神教信仰有着巨大的宗教意义——所以他们为犹太人、基督徒和穆斯林提供朝圣服务，这是一笔可观的税收来源（因为有时候，朝圣人数是耶路撒冷人口的两倍）——这座城市本身在战略上、政治上和经济上对他们而言只是次要利益。

耶路撒冷的管理留给了教士，他们的工作是维护宗教场所。城市普通大众极为贫穷，大多数居民依靠给朝圣者提供服务或在棉花作坊劳作来糊口度日。

虽然这座城市的大部分地区都被忽视了，但这一时期，宗教场所的建设却规模宏大。圣殿山上的建筑得到了翻修，岩石圆顶清真寺周围竖起了拱门。圣殿山上还增加了沐浴和饮水设施，很大程度上方便了朝圣者使用。马穆鲁克还在那儿修建了政府机构，铺设了通往圣殿山的桥梁，并翻修了旧城周边的街道，其中包括链街和棉花制造者街以及狮门。① 在这些街道

---

① 链街（the Chain Street）是通向圣殿山入口"链门"的一条街，在中世纪穆斯林统治时期街道两边有居住区。棉花制造者街（the Cotton Makers' Street）又名棉花商人街，得名自奥斯曼帝国统治时期那里的商店使用埃及棉花生产棉织品，它是连接耶路撒冷旧城城墙到阿克萨清真寺广场的主要通道。狮门（the Lion's Gate）位于耶路撒冷旧城东边城墙处，通向橄榄山，其得名自大门左右两侧的狮子雕刻。

上，他们为朝圣者修建了旅店和施食处，在城墙外为教士建造了休息场所。他们还为基督徒朝圣者修复了市场和旅馆。

但耶路撒冷也是个流放和惩罚那些触怒马穆鲁克当局的官员的地方。这些流放者——来自马穆鲁克帝国各地——为这座城市的建设和日常运转贡献了自己的才能，而且在一定程度上，他们充当了对占据城市主导地位的教士的民间制衡角色。

除了1299年蒙古人的突袭、1365年至1369年塞浦路斯国王彼得的第一次突袭以及1401年鞑靼人的短暂入侵，在早期马穆鲁克的统治下，耶路撒冷享有一段相对和平的时期。但尽管流放者和教士们付出了最大努力，耶路撒冷仍是一个逐渐衰落的城市，尤其是在15世纪中期以后，当时贝都因部落发动的一系列袭击使该城的供水受到毁灭性破坏。结果，那些与这座城市没有宗教联系的人抛弃了它。

马穆鲁克时期，耶路撒冷的犹太人口从两户家庭增至16世纪初的数百户。虽然大多数犹太人属西班牙塞法尔迪血统，但也有犹太人属阿什肯纳兹（北欧犹太人），主要来自华沙。在三大犹太朝圣节日，即逾越节（Pesach）、住棚节（Succot）和五旬节（Shavuot）期间，犹太人口继续增长。这些犹太人朝圣活动的重

✡ 古往今来曾出现过几幅圣城地图，展现了多个世纪以来耶路撒冷的发展。这幅地图出现于 1572 年，创作者是格奥尔格·布劳恩（Georg Braun），他是个擅长绘制地图的地理学家，曾编辑《世界之城》（*Civitas Orbis Terrarum*）。

头戏是访问西墙、橄榄山和锡安山。马穆鲁克将西墙附近的地方打扫干净，允许人们来到西墙。然而，该区域其他地方的桥梁、房屋和街道的施工有时会引发封锁，这时犹太人就不得不在其他地方祈祷。

在 13 世纪末的犹太旅行者中，有一位是摩西·本-纳赫曼拉比（Rabbi Moses Ben-Nachman），也被称为

纳赫曼尼德斯（Nachmanides）。他
是一位多产的学者，既是拉比，
也是哲学家和医生，还曾为
《圣经》进行评注。为逃
离西班牙的迫害，他来到
耶路撒冷寻求避难，并在
1267 年他 72 岁时在这座
城市定居下来。在耶路撒冷，
他开始建立犹太机构，其中包
括一座至今屹立在旧城的犹太会
堂。他鼓励在这座城市发展一个新的犹
太社团——在十字军东征时期已经消失，这标志着犹
太人在耶路撒冷持续存在的开始。

犹太人和基督徒围绕某些场所存在冲突，尤其是
圣殿山，犹太人将其看作大卫王埋葬的地方，而基督
徒视其为最后的晚餐的发生地。最后，马穆鲁克介入
并阻止了基督徒在圣殿山进行祈祷，这反过来对那些
返回欧洲的犹太人造成了难题。

当时出现了第一本印刷本旅行指南，美因茨大教
堂的咏礼司铎伯纳德·冯·布雷登巴赫（Bernhard von
Breydenbach）在 1486 年写作了《圣地朝圣》（*Peregrinatio
in Terram Sanctam*）。该旅行记是第一部印刷的插图

本旅行记，书中包括一幅巴勒斯坦地图，还出现了历史上第一张印刷的折叠页。埃哈德·鲁威奇（Erhard Reuwich）为该书绘制了插图，他也是第一个名字被刊印的插画家。

❂ 左图："冷酷者"塞利姆（Selim，1512 年—1520 年在位），奥斯曼帝国第九任苏丹，1517 年进入耶路撒冷。虽然绰号"冷酷者"，但他允许犹太人和基督徒有信仰自由。

❂ 下图：忽必烈可汗面前的马可·波罗。这是一幅袖珍画，出自约翰·曼德维尔（John Mandeville）所著《奇迹和旅行之书》（*The Book of Marvels and Travels*）。忽必烈可汗在 1266 年要求马可·波罗从耶路撒冷给他带来耶稣墓上的灯油，但马可·波罗推迟了行动。1271 年，马可·波罗终于动身去完成可汗的愿望，并在 1275 年返回给可汗带来了灯油。

1271 年，马可·波罗从威尼斯出发航行。与父亲和叔叔一道，离开威尼斯，去履行对忽必烈的承诺。这幅图出自一部 15 世纪末的泥金装饰手抄本。

161

左图：黑死病从亚洲传遍欧洲和近东，重创了耶路撒冷的朝圣和贸易。这幅名为《耶路撒冷瘟疫》（*The Plague of Jerusalem*）的版画由法国版画家古斯塔夫·多尔创作于1866年。

黑死病

另一个来到耶路撒冷的访客——这次并不受欢迎——是黑死病。在14世纪中期从亚洲传播到欧洲的过程中，黑死病横扫了圣地。这种疫病经由埃及和加沙传到圣地，并蔓延至沿海和内陆，到达阿什克伦、阿克、耶路撒冷、大马士革、霍姆斯和阿勒颇。在耶路撒冷，黑死病抑制了朝圣活动，对贸易和商业造成了巨大的连锁影响，由此给宗教和贸易造成了严重混乱。

重生和重建

由于来自欧洲的犹太人的大量流入以及旧城城墙外的社区的建立，耶路撒冷在19世纪开始从一滩宗教上的死水向一个中心城市转变。19世纪初，耶路撒冷居民约有9000人，到1900年，其人口已达5.5万，其中几乎三分之二为犹太人。

这座城市的发展也受到欧洲列强竞争的影响：法国支持天主教，普鲁士和英国建立了新教主教教区，俄国沙皇将其保护范围扩展至希腊正教社团。

耶路撒冷与欧洲帝国的联系始于18世纪末，当时拿破仑试图征服该地，以阻止英国通过黎凡特而进入他们在印度的势力范围。拿破仑遇到的对手是奥斯曼军队在巴勒斯坦的指挥官艾哈迈德·贾扎尔（Ahmet Jazzar），他没料到贾扎尔有能力得到英国的帮助，而且海军准将威廉·西德尼·史密斯爵士帮助击退了拿破仑对阿克的三次进攻。1799年5月21日，拿破仑

✡ 这是一幅19世纪的油画，为耶路撒冷鸟瞰图，它是一座位于山顶上的围墙城市。

被迫撤退。回到埃及，拿破仑意识到自己失败的后果，于是启程返回法国，再未来到这里。

拿破仑在中东的失败再次激发了欧洲人对这一地区的兴趣，因为他们赋予了耶路撒冷神话般的地位。这一观点的主要推动者是法国旅行家夏多布里昂子爵弗朗索瓦·勒内（François-René, vicomte de Chateaubriand），他在1811年出版的《从巴黎到耶路撒冷》（*Itinéraire de Paris à Jérusalem*）中，描述耶路撒冷是一个"弑神的城市"，那里满是"成堆的垃圾"。

1831 年，本杰明·迪斯累利（Benjamin Disraeli）访问了耶路撒冷，他也被这座城市的现状所震惊。在他眼中，犹太人和阿拉伯人并无二致，他还谴责基督徒不信仰犹太教。二十年后，迪斯累利回忆那次访问称，犹太人返回他们的土地——可从奥斯曼人那里购买——不仅仅是可能的，而且是正确的。

但奥斯曼人对出售巴勒斯坦和耶路撒冷给英国人一事并不热心，尤其是不在它的新统治者——负责管理埃及的官员穆罕默德·阿里（Mehmet Ali）——的控制下。为夺取奥斯曼行省，他的策略之一是借助自己残酷无情的儿子易卜拉欣帕夏。1833 年，阿里征服了黎凡特，准备占领君士坦丁堡，奥斯曼苏丹遂与他做了交易，借此阿里将统治埃及、阿拉伯半岛和克里特岛，而易卜拉欣则将管理大叙利亚地区。

在政府管理上，易卜拉欣在耶路撒冷进行了改革，允许基督徒和犹太人享有更多的信仰自由，还承诺赋予其法律上的平等地位。然而，任何反抗——那里发生过很多次——都不会得到宽容对待。随着反抗活动的增多，易卜拉欣变得愈发残暴，任何反对他的人都遭到斩首。

1839 年，易卜拉欣开始向君士坦丁堡进发，他还得到了法国对此行动的支持。然而，英国站在奥斯曼一边，这阻止了易卜拉欣对伊斯坦布尔①的进攻，年轻的苏丹阿布杜勒迈吉德（Abdulmecid）被迫下令给予宗教少数团体以平等权利。易卜拉欣邀请欧洲人到耶路撒冷开设领事馆，此时英国的第一任副领事威廉·特纳·杨也开始传教，让犹太人改信基督教，以加速实现基督的第二次降临。

另一位相信基督复临的人是美国驻叙利亚总领事沃德·克雷森（Warder Cresson），他在 1844 年 10 月抵达耶路撒冷。克雷森亲身体验过每一种狂热信仰，宾夕法尼亚的一位拉比曾说服他相信，拯救只有在犹太人返回锡安时才会降临。等美国政府意识到他们任命了一个疯子时，克雷森已经人在耶路撒冷了，后者给犹太人发放了签证。

俄国人也试图对巴勒斯坦提出要求。俄国东正教教会已深深卷入耶路撒冷事务。尼古拉一世（Nicholas I）

---

① 伊斯坦布尔即君士坦丁堡。

☆ 这幅油画由 W. 希斯（W. Heath）创作，名为《圣让阿克围攻》
（*The Siege of Saint Jean D'Acre*）[①]。在西德尼·史密斯
爵士（Sir Sidney Smith）率领的一众海员的支援下，土耳其
人在抵抗拿破仑对该城的进攻。1799 年 5 月 8 日，城墙被攻破。

---

① 圣让阿克（Saint Jean D'Acre）是阿克这座城市在十字军东征时期的另一个名字。阿克
位于今以色列北部。

✡ 上图：耶路撒冷以南伯利恒附近的拉结墓，约摄于 1890 年。它被认为是《圣经》人物拉结被埋葬的地方。19 世纪 60 年代末，仍有传言称拉结墓周围的土地已被一个基督教团体购买，他们计划把它拆除，并建立一座新教堂。

✡ 右图：穆罕默德·阿里（1769—1849）的画像，出自阿兰·穆尔黑德（Alan Moorhead）创作的《蓝色尼罗河》（*The Blue Nile*）。穆罕默德·阿里又称帕夏大帝，是埃及总督，有时也被认为是现代埃及的创立者。阿里出生于阿尔巴尼亚，1805 年被任命为奥斯曼帝国的埃及总督，其著名事迹是对马穆鲁克领导层的屠杀。

✡ 左图：贾扎尔帕夏（Jazzar Pasha，约1720—1804）正在训斥一名罪犯。贾扎尔帕夏被称为屠夫，因为无论对敌对友，他都残酷无情。

✡ 下图：拿破仑从未抵达耶路撒冷——他试图首先占领沿海平原（这是错误之举），但遭遇奥斯曼人的顽强抵抗，奥斯曼人得到了英国支持。这幅油画由安托万·让·格罗斯（Antoine Jean Gros）创作，描述了1799年4月8日法国人在拿撒勒战役中击败土耳其人的情景。

在 1825 年成为沙皇，他认为每个俄国人都应到耶路撒冷朝圣，因为这是俄国传统的一部分。这些朝圣活动使英国人感到担忧，因为他们认为俄国人将以此为借口夺取耶路撒冷。英国人也怀疑法国对这座城市愈发强烈的兴趣背后有政治动机。

拿破仑与耶路撒冷

当拿破仑正率军从雅法——离耶路撒冷最近的港口——向北部曾经的十字军据点阿克港口进发时，他麾下的一名指挥官弗朗索瓦·埃蒂安·德达马斯请求率军征服耶路撒冷。拿破仑拒绝了，他说自己将指挥对耶路撒冷的进攻——一旦他占领了阿克后——这样他就会"在耶稣蒙难的土地上种下自由之树"。拿破仑也向犹太人作出了承诺，在 1799 年 4 月 20 日发布的公告中，他称犹太人是"巴勒斯坦合法的继承者"。在一份比犹太复国主义早近一个世纪出现的宣言中，拿破仑宣称："带着欢愉站起来吧，尔等被流放的人！一场战争……被一个民族因自卫而发动，这个民族世代居住的土地被敌人视为掠夺，而遭到分裂……为自己的耻辱复仇，也为最遥远的那些民族复仇……"

岩石圆顶清真寺

岩石圆顶清真寺位于耶路撒冷旧城圣殿山的中心——阿拉伯语称为"哈拉姆·阿－沙里夫"（Haram al-Sharif，意为"尊贵禁地"）。该清真寺是公元691年根据倭马亚王朝哈里发阿卜杜勒·马利克的指示建造，自此之后多次翻修。

　　该清真寺名字中的"岩石"被称为"登霄石"。根据伊斯兰信仰，这块岩石是大约公元621年先知穆罕默德在某个夜晚开始夜行登霄的地方。在夜行中，穆罕默德骑着骏马"布拉克"，来到了"最遥远的清真寺"（阿克萨），在那里，他带领其他先知进行了祈祷。随后，穆罕默德升至天堂，他在天堂和真主说了话，真主指示穆罕默德，让他告诉凡间的信众每天祈祷的次数。

　　负责清真寺建设工程的两位工程师是来自耶路撒冷的雅兹德·伊本·萨拉姆（Yazid Ibn Salam）和来自

贝桑的拉贾·伊本·黑瓦赫（Raja Ibn Haywah）。穆斯林古史记载称，阿卜杜勒·马利克哈里发希望这座清真寺将"庇佑穆斯林远离寒冷和炎热"，他还打算将该建筑用作朝圣者的圣殿，而非作为公共崇拜的清真寺。

　　的确，这座清真寺看起来不像通常用作公共崇拜的清真寺，其圆形大厅的屋顶看起来像是要与同时代的许多基督教堂的穹顶一较高下，其外观如同拜占庭的殉道堂。A. C. 克莱斯维尔（A. C. Cresswell）在所著《岩石圆顶清真寺计划的缘起》（*Origin of the Plan of the Dome of the Rock*）一书中认为，建造这座清真寺的人使用了附近的圣墓教堂的建造数据。

　　岩石圆顶清真寺呈八边形，有一直径20米（约66英尺）的木质穹顶，安装在一个升高的鼓状物上，由一圈16个墩柱支撑，精美的外墙每面约宽18米（约59英尺）、高11米（约36英尺），穹顶和外墙上有许多窗户。

　　穹顶的内部装饰着马赛克图案和大理石，大部分此类装饰是在穹顶完工几个世纪后添加上去的。穹顶内部还有《古兰经》经文，这些清楚表明了一种要与基督教论辩的精神，同时强调耶稣才是真正的先知。"真主没有同伴"（Ia sharika Iahu）一语重复了五次，《苏

✡ 公元 1550 年的波斯缩影，显示穆罕默德在夜行中。

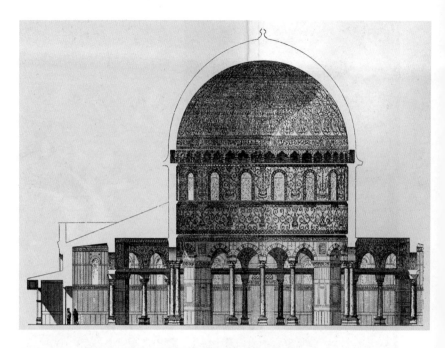

✡ 这是一幅岩石圆顶清真寺的插图，创作者是弗雷德里克·卡瑟伍德（Frederick Catherwood），他在 1833 年成为已知第一个详细绘制岩石圆顶清真寺画像的西方人。

拉·马亚姆篇》第 19 章 35—37 节着重重申了耶稣作为真主先知的身份，它与这样一段祈祷词一同被引用："以独一神（安拉）的名义，为你的先知和仆人、玛利亚之子耶稣而祈祷。"

在十字军王国时期，岩石圆顶清真寺被转手给了奥古斯丁修道会，他们将其变成了一座教堂，而阿克萨清真寺成了王室的马厩。后来在 12 世纪的大部分时间里，圣殿骑士团（认为岩石圆顶清真寺是所罗门圣殿的所在地）在邻近岩石圆顶清真寺的阿克萨清真寺建立了他们的总部。他们称阿克萨清真寺是"上帝之圣殿"（Templum Domini），它出现在骑士团大师的官方印章上。它成为整个欧洲圣殿骑士团建筑的典范。

1187年10月，当萨拉丁为了穆斯林利益而再次夺取耶路撒冷时，尊贵禁地再度成为伊斯兰教圣地。

✡ 取得六日战争胜利后，大卫·本-古里安（David Ben-Gurion）和伊扎克·拉宾（Yitzhak Rabin）与一群士兵在圣殿山上游览。

岩石圆顶清真寺顶部的十字架被换成了金色的新月，在下方的石头周围还放置了木质屏风。后来在马穆鲁克统治时期（1250—1517），尊贵禁地是苏丹众多资助对象的焦点所在。

奥斯曼土耳其人征服这块土地后，在苏莱曼大帝（Suleiman the Magnificent，1520年—1566年在位）统治时期进行过一个历时七年的工程，岩石圆顶清真寺的外部被铺上了伊兹尼克的瓷砖，这是一种装饰华丽的瓷砖，来自土耳其小城伊兹尼克，生产于15世纪末至17世纪。

在岩石圆顶清真寺附近，奥斯曼人在1620年建造了独立的"先知圆顶"（Dome of the Prophet）。在奥斯曼苏丹马哈茂德二世（Mahmud II）时期的1817年，进行了大规模的整修。然而，之前多年进行的许多修复是无效的，1927年7月11日发生在巴勒斯坦的一场地震中岩石圆顶清真寺出现了剧烈的晃动。

1965年，岩石圆顶清真寺外面覆盖了一种产自意大利的耐用铝和青铜合金，用此取代了铅层。1993年——当时清真寺在以色列的控制下，约旦国王侯赛因在卖掉了其伦敦的一处住宅后捐资820万美元，筹集到了所需的80千克（约176磅）黄金，将金质的穹顶进行了翻新。

✦ 耗资巨大的岩石圆顶清真寺穹顶内部，其在漫长的历史中被重建数次。

1967年以色列在取得六日战争的胜利后，控制了岩石圆顶清真寺。以色列国旗在岩石圆顶清真寺上空升起几小时后，当时的国防部长摩西·达扬（Moshe Dayan）下令将国旗移走，并给予穆斯林以"瓦克夫"

（waqf，意为宗教信托）的权利，使他们得以管理圣殿山，目的是"维护和平"。岩石圆顶清真寺现由位于约旦安曼的宗教捐赠部负责维护。

一直到19世纪中期，非穆斯林不得进入这一区域。1967年以来，非穆斯林可以有限制地进入，但他们不得在圣殿山祈祷，也不能携带任何形式的宗教物品或任何带有希伯来字母的东西。以色列警察协助实施这些禁令，但他们也被禁止进入这里的清真寺，也不能通过棉花市场进入圣殿山。

许多建筑物的设计都复制了岩石圆顶清真寺，其中包括意大利的圣贾科莫八角教堂，还有位于布达佩斯的八角的摩尔复兴风格的伦巴赫街犹太会堂。出现这些模仿是因为，基督徒很久以来一直认为岩石圆顶清真寺重复了耶路撒冷所罗门圣殿的建筑风格，这一点可从拉斐尔创作的《圣母的婚礼》（*The Marriage of the Virgin*，1504）和佩鲁基诺创作的《圣母的婚礼》（1500—1504）中看出。

城墙之外

18 世纪初，有 1200 名犹太人生活在耶路撒冷——其中大多数人属塞法尔迪血统，即来自西班牙或土耳其的犹太人。

然而，大约同一时期，耶路撒冷成了其他犹太人向往的地方，这些犹太人希望"以色列地"成为他们的家园。1700 年，在听说了拉比耶胡达·哈西德（Yehdud He' Chasid，他希望犹太人以犹太教救赎圣地）的巡回讲话后，大约 1500 名阿什肯纳兹——北欧犹太人——从波兰的谢德尔采（Shedlitz）出发，前往耶路撒冷。不幸的是，许多人死在了漫长而艰苦的徒步旅行中，这位拉比也在抵达耶路撒冷数天后去世。

上述这些人是第一批这样做的极端正统派犹太人，他们在 18 和 19 世纪离开欧洲的家，后来在圣地尤其是耶路撒冷建立了新家园。少数人在胡瓦特·耶胡达·哈西德犹太会堂的废墟上对其进行了重建，1830 年，摩西·索弗拉比（Rabbi Moshe Sofer，又被称为哈萨姆·索弗，是最伟大的拉比之一）的约 20 名信徒搬到了圣地，并在耶路撒冷安了家。

1837 年，在旧城城墙外进行建设变得更为迫切，当时发生的一场地震摧毁了加利利的许多犹太人定居点，其中包括圣城萨费德和太巴列，居民们也不得不在耶路撒冷寻找住所。

支持在城墙外——那里没有什么建造活动，四

✡ 一处修复后的房子，位于耶路撒冷的密施克诺特·沙阿纳尼姆居住区，摄于 2009 年。

✡ 摩西·蒙蒂菲奥里风车，位于耶路撒冷的耶闵·摩西区。蒙蒂菲奥里是一位英国慈善家，他希望耶路撒冷的犹太人不再依赖救济生活，于是就为他们建造了一座风车，试图让他们去工作。

处抢劫的阿拉伯贝都因部落带来了巨大危险——建
设的人中，最著名的是摩西·蒙蒂菲奥里（Moses
Montefiore）爵士，他是 19 世纪的银行家、慈善家和
伦敦的治安官。蒙蒂菲奥里在 1827 年首次访问了耶
路撒冷——他后来说此行改变了他的一生——后来在
1838、1849、1855、1857、1866 和 1875 年，他又进
行了多次访问。91 岁时，蒙蒂菲奥里进行了最后一次
访问。

　　首次访问后，蒙蒂菲奥里更为遵守犹太教教义，
他会定期参加犹太会堂活动。蒙蒂菲奥里是他的朋友、
美国慈善家犹大·图罗的遗嘱执行人，图罗在去世前
留下遗嘱，要捐资在巴勒斯坦建立犹太定居点。

蒙蒂菲奥里用这笔钱在密施克诺特·沙阿纳尼姆（意为和平的居所）——这一名称出自《以赛亚书》第32章18节"我的百姓，必住在平安的居所，安稳的住处，平静的安歇所"——建造了救济院，这是城墙外的第一处居住区。这些救济院位于一个叫耶闵·摩西的区域，"耶闵·摩西"一语以蒙蒂菲奥里的名字来命名。虽然那儿的居住条件优越（与耶路撒冷旧城的废弃居所相比），但由于贝都因人的抢劫，犹太人害怕搬到那里。

　　蒙蒂菲奥里建造的居所最初建造于1860年，有两排公寓，他付钱让人们住在那里，公寓设置了栅栏和大门。居民们不得不遵守一系列规定，比如要每天为图罗念诵祈祷。

✡　耶路撒冷的耶闵·摩西区。

✡ 近年来，耶路撒冷已成为世界著名的艺术和文化中心。1999
　年3月，在耶路撒冷音乐中心举行的民族音乐周上，尼西姆·达
　科瓦（Nassim Daqwar）在演奏小提琴，提阿萨·阿里亚斯
　（Tiasar Alias）在弹奏鲁特琴。耶路撒冷音乐中心位于密施
　克诺特·沙阿纳尼姆。

蒙蒂菲奥里还为人们创造了工作机会，他建造了
一座用作磨坊的风车房。除了提供就业，风车房设立
的目的是让居民抛弃依靠国外救济生活的念头——国
外救济是他们的主要收入来源。不幸的是，风车房从
未实际运转。时至今日，一群支持以色列的荷兰基督
徒试图对风车房进行修复，以实现其最初目的。今天
的风车房是一座小型博物馆，是对蒙蒂菲奥里成就的
一种纪念。

今天，密施克诺特·沙阿纳尼姆已转变成一家高档宾馆，蜚声国际的作家、艺术家和音乐家访问以色列时会经常光顾那里，它也是耶路撒冷音乐中心和耶路撒冷伦理中心的所在地。第二排房子建于 1866 年，目的是为那些逃避旧城霍乱的人们提供居所。

后来，蒙蒂菲奥里建立了两处名为"以色列社团"（Knesset Yisrael）的居住区，一处提供给塞法尔迪犹太人，另一处给阿什肯纳兹犹太人，这两个居住区离城墙的距离甚至比离耶闵·摩西居住区更远。他还建立了一家印刷厂和纺织厂，还为耶路撒冷外的几处农业定居点提供了资金。然而，他未能获取农业用地，因为奥斯曼当局严格限制出售农业用地给非穆斯林。

城墙外的另一处居民区是极端正统派犹太人居住的米歇雷姆区，今天那里是耶路撒冷最绚丽多彩的地方。来到米歇雷姆就像回到了 18 世纪，那里的居民对来访者不友好，尤其是对女性，他们认为来客的穿着"肆无忌惮"。米亚·舍阿里姆由 100 名股东建于 1874 年，其建立目的是为旧城承受恶劣卫生环境的人提供新的居所。

摩西·蒙蒂菲奥里

第一男爵摩西·哈依姆·蒙蒂菲奥里爵士（1784—1885），出生于意大利，在伦敦长大。他在 1824 年退休后，将时间和金钱都奉献给了慈善事业。他曾到罗马、俄国、摩洛哥、罗马尼亚等多地旅行。他在 1837 年被维多利亚女王封为骑士，1846 年因在犹太人道主义事业上的贡献而被授予准男爵。

英国慈善家摩西·蒙蒂菲奥里（Moses Montefiore），摄于约 1870 年，即他来到耶路撒冷前不久。蒙蒂菲奥里是一位金融家和银行家，曾出资支持犹太人事业。

锡安与一个新时代的黎明

现代政治上的犹太复国主义的创立者是奥匈帝国的记者、文学评论家西奥多·赫茨尔（Theodor Herzl），他是一个完全被同化的犹太人。赫茨尔的儿子未行割礼，他们的家中也有圣诞树。但1881年发生在俄国的反犹集体迫害的报道令赫茨尔无比震惊，而且在1895年一位名叫卡尔·莱格尔的反犹主义者被选举为他的家乡维也纳的市长后，他写道，在这座城市的许多犹太人中间有一种"绝望的情绪"。

　　1894年，赫茨尔被派往巴黎报道阿尔弗雷德·德雷福斯（Alfred Dreyfus）一案的审判，德雷福斯是一位法国犹太裔军官，被控充当德国间谍。对德雷福斯的审判是栽赃陷害，当人们喊着"犹太人去死"，要求惩罚德雷福斯时，赫茨尔更是深受触动。看到在一个已经解放了犹太人的国家发生这样的事情，赫茨尔得出了这样的结论：犹太人的同化已经彻底失败，同

✡ 奥地利记者、被同化的犹太人西奥多·赫茨尔在阿尔陶斯。摄于1900年8月。法国德雷福斯审判中的反犹主义使赫茨尔感到震惊，他断定犹太人需要自我解放，并由此创立了政治上的犹太复国主义。

化甚至将导致更为严重的反犹主义。

赫茨尔憧憬着建立一个犹太国，一个以世俗为主导的国家，那里的公民能够打网球和板球。他将所有这些想法都写在了他的《犹太国》（*The Jewish State*）一书，在这本出版于 1896 年的书中，他宣称："巴勒斯坦是我们永远难忘的家园……马加比人 ① 将再次崛起。我们将作为自由人生活在我们自己的土地上，并在我们自己的家园平静地死去。"

犹太人对锡安的渴望并非新事物：他们朝向锡安祈祷，在逾越节家宴结束时会说希望彼此"明年相聚在耶路撒冷"，还有一些人每年到那儿朝圣三次。于是赫茨尔给这种向往之情取了一个名字——犹太复国主义（Zionism），并对其进行了政治上的阐释。

政治上的犹太复国主义出现的时候，正是以种族为基础的民族主义在欧洲愈演愈烈之时，而犹太人对此无法适应。早在 1862 年，卡尔·马克思的一位早期同道摩西·赫斯（Moses Hess）就在其所著《罗马和耶路撒冷》（*Rome and Jerusalem*）—— 一本早期的原始犹太复国主义的小册子——中写道，这种民族主义

---

① 马加比人（Maccabees）指公元前 2 世纪时由当时反抗塞琉古王朝统治的"马加比"犹大率领的犹太武装力量。"马加比"在希伯来语中意为"挥锤者"。犹大死后，马加比人经过顽强斗争，最终建立了以耶路撒冷为中心的哈斯蒙尼王朝，公元前 63 年被罗马人灭亡。在犹太传统中，马加比人是反抗压迫、追求自由的象征。

将引发反犹主义。

1897 年 8 月，赫茨尔担任了在瑞士巴塞尔召开的第一届犹太复国主义者大会的主席，当时他宣布："在巴塞尔，我建立了一个犹太国。如果我在今天将此大声说出来，迎接我的将是来自全世界的嘲笑。或许五年后，肯定五十年后，每个人都会知道。"

然而，赫茨尔认为他需要一个大帝国的支持，而且由于他认为犹太国应说德语（赫茨尔也说德语），所以他开始联络德国皇帝威廉二世（Wilhelm II）。巧合的是，威廉二世正计划到中东旅行，他在那里将会晤盟友奥斯曼帝国苏丹阿布杜勒-哈米德二世（Abdulhamid II）。然后，他将前往耶路撒冷，在那里把靠近圣墓教堂的耶稣基督教堂献给其他神祇，而教堂所在的土地已经献给了他的父亲弗雷德里克。

赫茨尔在伊斯坦布尔会见了威廉二世，刚好在 1898 年威廉二世与苏丹会面之前。威廉二世同意支持赫茨尔的计划，主要是因为他相信这些"高利贷者"（犹太人）会自食其力，而非依靠国外慈善家和宗教机构的施舍，而且也不像以前那样依靠来自犹太朝圣者的资金。蒙蒂菲奥里希望耶路撒冷的犹太人变得勤劳且依靠劳动赚钱。威廉二世将此事告诉了苏丹，他不假思索便拒绝了，他说："犹太人可能发展到数百万人。当我的帝国分裂时，他们可能会轻而易举得到巴勒斯坦。但只有我们的尸体被分割。"

威廉二世同意再次与赫茨尔在耶路撒冷会面。这位皇帝就像弥赛亚一样骑着一匹白马进来。1898 年 10月 29 日，赫茨尔和威廉皇帝再次在巴勒斯坦会晤，地点是米克瓦·以色列——今天以色列霍伦附近的一所农业学校。这次会面意味着，由赫茨尔领导的犹太复国主义运动第一次向一个欧洲帝国寻求支持。

11 月 2 日，赫茨尔与威廉二世在威廉二世帐篷营地里举行了另一次更为正式和公开的会面，地点是耶路撒冷的先知街，这被称作是"十字军东征后耶路撒冷最为盛大的聚会"。

威廉二世和赫茨尔都不喜欢耶路撒冷。威廉二世描述这座城市是"一个荒凉干旱的石头堆，有 6 万人生活在那里的犹太聚居区边缘，那里油腻肮脏，人们惶惶不安，境况凄惨，除了欺诈邻居，他们无事可做……"。

赫茨尔曾说，"如果耶路撒冷曾经是我们的，我就会清除所有不神圣的东西，拆掉那些脏兮兮的老鼠洞……我将在那些圣地周围建设一个无忧无虑、舒适得体的有下水道的新城市"，他设想建立一座犹太人的卢尔德。[①]事实上，他说过耶路撒冷不应属于任何一个国家或宗教，它应该是超越国家疆界的存在。

赫茨尔也认为，一个犹太国需要的全部犹太人口是 30 万。当时，犹太人在这座城市占主导地位——在 4.55 万人口中，犹太人口达 2.8 万，这开始让当地阿拉伯领袖感到担忧。

1903 年，发生在基什尼奥夫[②]的集体迫害在整个俄国引发了一场疯狂的反犹杀戮，导致许多犹太人逃往巴勒斯坦（以及美国和英国）。一位名叫优素福·哈利迪（Yusuf Khalidi）的阿拉伯领袖在写给他的朋友、法国人拉比[⑦]扎多克·卡恩（Zadok Kahn）的信中说，虽然犹太人对耶路撒冷拥有历史权利，但现实是，犹太人的回归将引发与当地阿拉伯人的血腥冲突。哈利迪所言一点没错。

---

① 卢尔德（Lourdes）位于今法国南部，是宗教圣地，每年有许多人来此朝圣。
② 基什尼奥夫（Kishinev）即今摩尔多瓦首都基希讷乌（Chisinau）。
③ 大拉比（Chief Rabbi）是一个国家的犹太社团的宗教领袖，有时也指由所在国政府任命的当地犹太社团拉比的领袖。

Programm

Der Zionismus erstrebt für das jüdische Volk die Schaffung einer rechtlich gesicherten Heimstätte in Palästina.
Zur Erreichung dieses Zieles nimmt der Congress folgende Mittel in Aussicht:

I. Die zweckdienliche Förderung der Besiedlung Palästinas mit jüdischen Ackerbauern, Handwerkern und Gewerbetreibenden.

II. Die Gliederung und Zusammenfassung der gesamten Judenschaft durch geeignete örtliche und allgemeine Veranstaltungen nach den Landesgesetzen.

III. Die Stärkung des jüdischen Volksgefühls und Volksbewußtseins.

IV. Vorbereitende Schritte zur Erlangung der Regierungszustimmung, die nötig sind, um das Ziel des Zionismus zu erreichen.

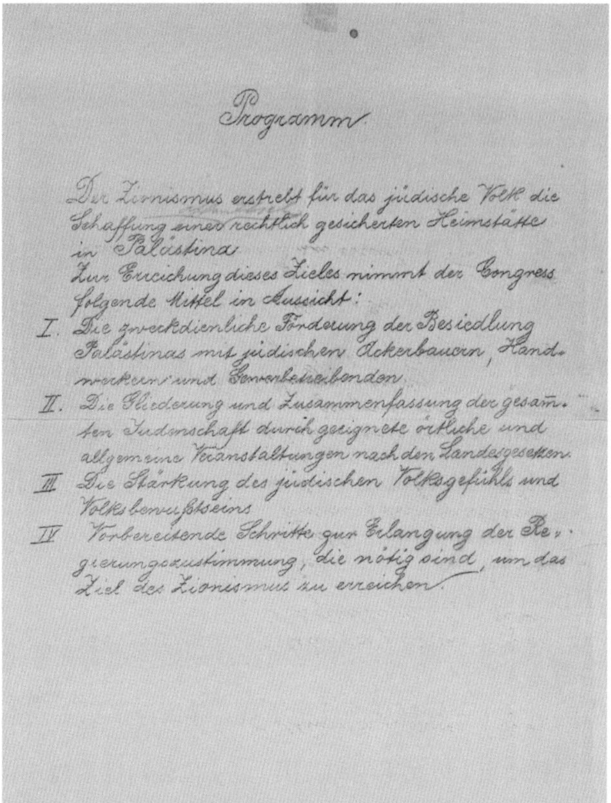

在瑞士巴塞尔召开的第一届犹太复国主义者大会的纲领。『如果要我用一个词来概括巴塞尔大会——我不会当众宣布，那就是：在巴塞尔，我创建了犹太国。』

译文：

犹太复国主义致力于在巴勒斯坦为犹太民族建立一个服务公众的、合法的有安全保障的家园。为达成这一目标，巴塞尔大会计划通过下列途径：

一、依靠犹太农民、技术工人和商人，适当推动巴勒斯坦的定居点建设。

二、遵照各国法律，通过适当的地区和跨区域机构，将所有犹太人组织汇集起来。

三、强化犹太民族感情和意识。

四、必要时采取预备措施取得有关政府的许可，以实现犹太复国主义的宗旨。

1902 年在瑞士巴塞尔，西奥多·赫茨尔（前数第二排，右起第二个）与一群代表在第五届犹太复国主义者大会上。这幅照片颇为有趣，因为它是唯一已知的一张同时有赫茨尔和哈依姆·魏茨曼（Chaim Weizmann）博士（后数第二排，右起第一个，未来以色列国第一任总统）的照片。

大卫·本-古里安

　　大卫·本-古里安（1886—1973）具备一种成为以色列缔造者和第一任总理的特质。作为总理（1955—1963），他在国家发展上有敏锐的眼光，且鼓励犹太人移民以色列。本-古里安与德国政府密切合作，以确保德国为其在二战中对待犹太人的过去而付出赔款。他在1970年彻底离开了政坛。

以色列第一任总理大卫·本-古里安。他认为，即使未包括整个耶路撒冷，也必须建立以色列国。

第一次世界大战

第一次世界大战前夕，耶路撒冷处于动荡之中。犹太复国主义领袖鼓励犹太人建设"犹太人的城镇，尤其是在耶路撒冷"，加之反犹主义在东欧和中欧愈演愈烈，在此种情况下，许多犹太人来到巴勒斯坦和耶路撒冷。

犹太人已经买下了那片土地，在那里，希伯来大学将建在斯科普斯山上，这让在耶路撒冷的阿拉伯人感到恐慌。然而，尽管阿拉伯人感到担忧，几大著名的地主家族如胡塞尼家族仍售卖土地给犹太复国主义者。该地的奥斯曼土耳其统治者口口声声要改革，但贪污腐败的程度不亚于他们的前任，当意识到这一点后，在耶路撒冷说阿拉伯语的人中间，民族主义开始抬头。实际上，这些"青年土耳其党人"——奉行激进民族主义的统一进步委员会的成员，他们希望改革苏丹的绝对君主制——被证明比他们的前任更加野蛮。

奥斯曼帝国的末代苏丹穆罕默德五世（1844—1918）目睹「欧洲病夫」的崩溃。一战期间，他与德国人站在一起。

他们镇压阿拉伯民族意识的崛起（通过位于雅法的民族主义报纸《巴勒斯坦》），甚至阻挠学习阿拉伯语。

　　但最令阿拉伯民族主义者恐惧的是犹太复国主义者的崛起。在伊斯坦布尔议会，在法国受过教育的副议长鲁希·哈利迪（Ruhi Khalidi）——耶路撒冷一个古老家族的子嗣——试图通过一项法律，禁止出售土地给犹太人。议会的另一位候选人拉吉卜·纳沙希比（Ragheb al-Nashashibi，来自耶路撒冷另一个古老家族）说，他将献出"自己的所有力量来消除犹太复国主义的威胁"。

当战争在1914年8月爆发时，土耳其人当时由"三位帕夏"领导，这些激进民族主义者认为奥斯曼帝国的土耳其化（Turkicization）能够阻止其成为"欧洲病夫"（the sick man of Europe），他们和德国人站在了一起。苏丹穆罕默德·赖希德（Mehmet V Raschid）在11月11日向英国、法国和俄国宣战，他还在阿克萨清真寺宣布发动圣战。起初，甚至耶路撒冷的犹太人也支持土耳其人，他们欢迎德国指挥官弗里德里希·克雷斯·冯·克列森斯坦男爵（Baron Friedrich Kress von Kressenstein）来到该城。克列森斯坦及其军队为来自英国的犹太人提供了保护。

战争爆发一周后，"三位帕夏"之一的阿赫迈德·杰马勒（Ahmet Jemal，当时是海军部长）成了耶路撒冷和大叙利亚事实上的独裁者。杰马勒的一位德国官员弗朗茨·冯·巴本（Franz von Papen）描述这位扑克牌玩家是"一个极为聪明的东方暴君"。他的统治极为严厉："我能制定法律，也能撤回法律。"还说要对耶路撒冷进行恐怖统治，尤其是那些他和其他奥斯曼统治者所怀疑的阿拉伯民族主义者。

然而，作为暴君和花花公子，杰马勒不是一名优秀的军事将领，1915年2月，他试图入侵英国控制的埃及，结果遭到惨败。杰马勒将自己的失败归咎于为英国人服务的"阿拉伯间谍"，于是在耶路撒冷展开了一场疯狂的杀戮，数百人在雅法和大马士革门[①]被绞死。虽然他也怀疑犹太人帮助过英国人，但犹太人的领袖大卫·本-古里安为奥斯曼军队招募过士兵。

杰马勒也试图说服犹太人和阿拉伯人实现和解，主持本-古里安和胡塞尼之间的会议，向他们提出在土耳其人的支持下建立一个阿拉伯-犹太联合家园。愿望落空后，杰马勒驱逐了 500 名犹太人，并禁止象征犹太复国主义的东西出现，由此在德国和奥地利引发了愤怒情绪。这更加激怒了杰马勒，他威胁将像奥斯曼人对待亚美尼亚人那样对待犹太人："我要绞死任何反抗者。如果你们想得到和平安宁，柏林和维也纳的报纸就要保持沉默。"

但杰马勒并非不会做交易。他试图取悦犹太人以获得其对土耳其战争的支持，向美国驻伊斯坦布尔大使、犹太人亨利·摩根索（Henry Morgenthau）提供了购买西墙的机会。杰马勒向耶路撒冷的犹太人重申了这一提议，由于疾病和饥饿他们的人数已减少了两万。

当耶路撒冷日渐衰落之时，杰马勒过的却是腐化糜烂的生活，他给那些德国和土耳其官员提供纵欲的

---

① 大马士革门（the Damascus Gate），又称纳布卢斯门，是耶路撒冷旧城的八个城门之一，位于旧城北边城墙处。

✡ 当时在隶属英军的犹太军团里是一名青年士兵的大卫·本－古里安，摄于1918 年。

✦ 耶路撒冷市长侯赛因·胡塞尼（Hussein al-Husseini，右起第三个）向 F. H. 胡尔克姆中士（Sergeant F. H. Hurcomb，右起第五个）移交耶路撒冷。

享受和盛大的宴席。他宣称要娶耶路撒冷魅力四射的交际名流利亚·特纳鲍姆（Leah Tennenbaum，其房子位于塔尔皮奥特区，后来成了埃塞俄比亚流亡皇帝海尔·塞拉西的居所，再后来为以色列军队将领和政治家摩西·达扬所有）。

当杰马勒生活放纵堕落之时，耶路撒冷出现了恐怖主义，阿拉伯人和英国人正秘密反对奥斯曼帝国。T. E. 劳伦斯（"阿拉伯的劳伦斯"）和汉志统治者谢里夫·侯赛因之间的谈判导致了1916年阿拉伯人起义的爆发。劳伦斯当时正效力于英国驻埃及高级专员亨利·麦克马洪（Henry McMahon）爵士和国会议员兼外交顾问马克·赛克斯（Mark Sykes）爵士，他们计划怂恿阿拉伯人起来反抗奥斯曼帝国。

英国人同意侯赛因可以获得一个王国，但不像他之前所要求的那样包括整个黎凡特和阿拉伯半岛，因为大英帝国在那里有自己的利益。

另一个问题是，英国在战争中的盟友法国也在巴勒斯坦有利益，这一点必须考虑到。侯赛因不知道的是，赛克斯和他的法国同行、在贝鲁特工作的弗朗索瓦·乔治－皮科同意战后瓜分中东，法国得到叙利亚和黎巴嫩，英国控制伊拉克和巴勒斯坦部分地区。这里也会成立一个阿拉伯王国——处于英国监管之下，而耶路撒冷则在法国、英国和俄国的控制下实现国际化。

1916 年 6 月，侯赛因发动了阿拉伯人起义，他宣布自己是全体阿拉伯人的国王，后来在英国的坚持下降格为汉志国王。侯赛因的起义在汉志和今天的约旦部分地区取得了成功，但在其他地方遭遇失败。这一切发生之时，在陆军元帅、第一代艾伦比子爵埃德蒙·艾伦比（Edmund Allenby）的指挥下，英国人正在埃及调集军队。艾伦比被命令率领英国远征军，职责是为 1917 年至 1918 年英国对巴勒斯坦和叙利亚的进攻作

先锋。

劳伦斯对艾伦比有高度评价："（他）体格魁梧，充满自信，且道德如此高尚，以至于我们的渺小在他面前就逐渐展现出来。"在加沙和贝尔谢巴战役后，艾伦比率军北上进军耶路撒冷，并于1917年12月9日夺取该城。

在投降书上，耶路撒冷市长侯赛因·胡塞尼写道："由于围城的严重性以及这片和平土地在你们的重炮下所遭受的痛苦，以及出于对这些致命轰炸将破坏这些圣地的恐惧，我们被迫经耶路撒冷市长侯赛因·胡塞尼之手，将这座城市交给你，希望你按照我们五百多年来对耶路撒冷的保护一样来保护这座城市。"

12月11日，艾伦比将军通过雅法门①徒步进入了耶路撒冷旧城。为表示尊重，他走在马和车辆前面。艾伦比是十字军之后第一位控制耶路撒冷的基督徒。

艾伦比在官方报告中写道："我在12月11日中午正式进入了这座城市，随行的人有法国指挥官和意大利的特遣分队、政务代表以及法国、意大利和美国等国的军事观察员……一行人皆为步行。在雅法门，代表英格兰、苏格兰、爱尔兰、威尔士、澳大利亚、

_____

① 雅法门（the Jaffa Gate）是耶路撒冷旧城的八个城门之一，是从西耶路撒冷进入旧城的主要入口。

✡ 1918 年 1 月，占领耶路撒冷后，英国军队在耶路撒冷等候艾伦比将军。

新西兰、印度、法国和意大利的卫兵接待了我。那里的人们待我很好。"

英国首相大卫·劳合·乔治（David Lloyd George）将占领耶路撒冷称作是"给英国人民的圣诞节礼物"。艾伦比作过这样的评价："十字军现在已经终结。"但对西方——以及犹太复国主义者——战争才刚刚开始。

阿克萨清真寺

阿克萨清真寺位于圣殿山上，穹顶镀银，是逊尼派伊斯兰教的第三大圣地。在阿拉伯语中，阿克萨意为"最远的"——它被认为是先知穆罕默德骑着骏马布拉克从麦加夜行登霄时所到达的最远的地方。

　　阿克萨清真寺所用房梁由黎巴嫩雪松和当地雪松制成，它坐落在一座人工平台上，这一平台是希律的工匠们为帮助解决山地地形引发的问题而修建。该清真寺占地 14 万平方米（约 150.7 万平方英尺），建筑面积 3.5 万平方米（约 37.7 万平方英尺），可容纳5000 名祈祷者，其约有 80 米（约 262.5 英尺）长、55米（约 180 英尺）宽。

　　622 年，在穆罕默德从麦加移居至麦地那约一年半后，他和自己的追随者像犹太人一样，朝着圣殿山的方向进行了祈祷。在犹太人拒绝接受先知的教导后，穆斯林——以及穆罕默德——才开始朝位于麦加的、黑色的克尔白巨石的方向祈祷。

盖伊·勒·斯特兰奇（Guy le Strange）在所著《穆斯林统治下的巴勒斯坦》（*Palestine Under the Moslems*，1980年出版）中写道，建造阿克萨清真寺的材料是从被毁的圣母教堂（位于阿克萨清真寺处）中抢救出来的。随着时代变迁，阿克萨清真寺历经多次整修，增建了穹顶、宣礼塔和伊玛目宣道的讲坛。

7世纪时，欧麦尔哈里发对这座112×39米（约

✡ 阿克萨清真寺内的地砖——伊斯兰教的地砖在设计上常常以其上面的文字为特色。在该清真寺的其他地方，有复杂的几何图样，是伊斯兰华丽地砖制作的典型——是由于禁止描绘人类和动物形象而演变的结果。

✡ 阿克萨清真寺外景。该清真寺是逊尼派穆斯林世界的第三大圣地。

367×128 英尺）的清真寺的墙壁进行了修复，而在倭马亚王朝哈里发阿卜杜勒·马利克在位时（685—705），这座建筑经历了一次更为重大的重建，包括增建了地下室、大门和岩石圆顶清真寺，这一工程直到阿卜杜勒·马利克的儿子瓦利德一世（al-Walid I，705 年—715 年在位）时期才竣工。

E. ZEGHIELS. V.
Hæc est Ierusalem. Ego eam in medio Gentium
posui, et in eius circuitu terras.

HIEROSOLYMA VRBS SANC
TA. IVDEAE. TOTIVSQVE
ORIENTIS LONGE CLARIS
SIMA. QVA AMPLITVDINE AC
MAGNIFICENTIA HOC NOS
TRO ÆVO CONSPICVA EST.

✡ 上图：这幅插图展示了苏丹苏莱曼大帝修建耶路撒冷城墙的情
　　景，在改善耶路撒冷的生活条件以及抵御强盗掠夺该城方面，
　　苏莱曼大帝起了很大作用。该插图以格奥尔格·布劳恩创作的
　　地图为基础。

✡ 右图：苏丹苏莱曼大帝关于在耶路撒冷建造清真寺的信，写于
　　1528 年 9 月。

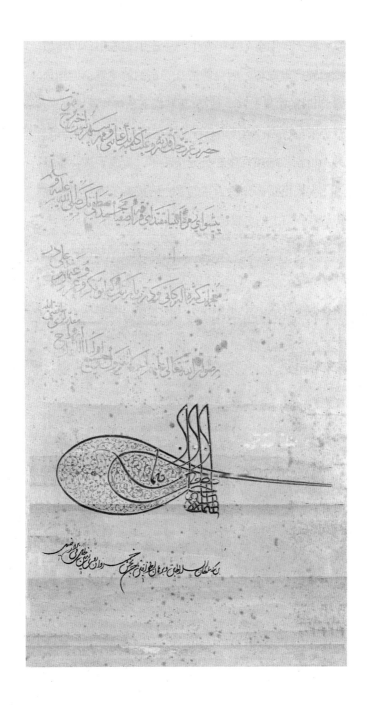

在 713 年至 714 年发生的一连串地震中，耶路撒冷遭到严重破坏，阿克萨清真寺东侧的建筑也遭到损毁。当时的哈里发阿卜杜勒·瓦利德下令对其进行重建，资金来自将岩石圆顶清真寺的金子熔化并制成的硬币。另一场剧烈地震发生在公元 747 年，造成了进一步破坏，大规模整修显得迫切起来，阿拔斯王朝哈里发遂将清真寺门上的金银牌匾熔化后作为重建的资金。

780 年，穆罕默德·马赫迪（Muhammad al-Mahdi，775 年—785 年在位）重建了清真寺，其高度和宽度被降低。10 世纪出生于耶路撒冷的地理学家穆

✡ 1969 年 8 月 21 日，消防员在阿克萨清真寺顶部灭火。火灾由一个精神不稳定的澳大利亚基督徒引发，他想开启一场圣战并引起"世界大决战"（Armageddon）。

卡达西记载了整修一事，他写道，该清真寺有"15间中殿和15个门"。

十字军东征时期，阿克萨清真寺被用作马厩。1187年在萨拉丁从十字军手里夺取耶路撒冷后，他下令尽快修复建筑，以便为星期五的祈祷做好准备。十字军修建的厕所和粮仓被移除，地板被重新铺上了地毯，室内弥漫着玫瑰水和熏香的气味。然而，奥斯曼人——他们在1517年占领了耶路撒冷——几乎没有时间对清真寺进行修建，清真寺的任何工作都是在当地总督的要求下完成的，而不是伊斯坦布尔的苏丹国。

"冷酷者"塞利姆抵达耶路撒冷后，他在阿克萨清真寺附近行了跪拜礼，他还大喊道："我是第一朝向的拥有者。"虽然名为"冷酷者"，但他承认犹太人和基督徒在圣殿山有祈祷自由。

塞利姆于1520年去世后，他的儿子苏莱曼继承了苏丹之位。苏莱曼称自己做了一个梦，梦中先知穆罕默德告诉他要对阿克萨清真寺进行装饰，以阻止异教徒夺走它。

1553年，苏莱曼想要访问耶路撒冷，并视察他为自称"所罗门第二和世界之王"所创造的那些成就。不幸的是，他从未成行，因为他卷入了战争。

苏莱曼对阿克萨清真寺进行了改动——单是穹顶

就需要 4 万块瓷砖，靠近清真寺的一座工厂生产了这些瓷砖，由此使大量居民和金钱涌入了耶路撒冷，该城的人口增加了三倍，达 1.6 万人。

阿克萨清真寺在 1922 年进行了整修，负责人是英国任命的耶路撒冷大穆夫提阿明·胡塞尼哈吉①。侯赛因委托一个土耳其建筑师修复该清真寺，包括加固古时的地基、清扫和摆正内部的柱子、替换木制房梁以及将中殿的木材替换为混凝土。1927 年和 1937 年，该地区分别发生了两次地震，阿克萨清真寺再度受到严重破坏。

1969 年 8 月 21 日清真寺遭到了更为严重的破坏，当时一个名叫丹尼斯·迈克尔·罗翰（Denis Michael Rohan）的澳大利亚基督教基要主义者在阿克萨清真寺放火，企图挑起一场圣战。这场大火吞噬了萨拉丁修建的讲道坛。罗翰后来被监禁在精神病院，他曾以为摧毁阿克萨清真寺将迎来耶稣复临和犹太圣殿的恢复。

---

① 穆夫提（Mufti）是伊斯兰教法学者，负责对伊斯兰律法进行解释。哈吉（Haj）在阿拉伯语中是对完成到麦加朝觐的穆斯林的尊称，有时也可用于称呼一个受尊敬的穆斯林。

英国委任统治

第一次世界大战结束后，中东一片混乱，局势不稳。随着奥斯曼帝国的战败和崩溃，法国和英国瓜分了这一地区，伴随着对阿拉伯和犹太民族主义者的一系列相互矛盾的承诺。

　　官方层面，巴勒斯坦由英国统治，其形式被称作"英国委任统治"（British Mandate for Palestine），由一个合法成立的委员会来管辖该地，该委员会由国际联盟在 1922 年 7 月 24 日正式确认，并于 1923 年 9 月 26 日开始生效。

　　委任统治当局在前奥斯曼叙利亚的南部地区建立了英国统治，持续时间为 1923 年至 1948 年。英国将委任统治区划分为两个行政区：巴勒斯坦由英国直接统治，而外约旦由来自汉志（今沙特阿拉伯）的哈西姆家族统治。

　　按照委任统治的条款规定——其允许委任统治

✡ 一场骚乱后，一辆汽车抵达希伯伦米抢救犹太家庭的财产。约摄于 1930 年。超过 65 名犹太人在 1929 年的希伯伦屠杀中遇难，而在随后的许多年中又发生了多次暴力事件。

当局管理奥斯曼帝国各个组成部分，"直到他们能够自立为止"，各大国（主要为英国和法国）接受 1917 年 11 月英国政府传达给罗斯柴尔德勋爵（Lord Rothschild）的《贝尔福宣言》，该宣言提出"支持在巴勒斯坦为犹太民族建立一个民族家园……需要明确说明的是，不得损害巴勒斯坦现有非犹太团体的公民和宗教权利，也不得损害任何国家中犹太人所享有的权利和政治地位"。

贝尔福与犹太复国主义者有联系。他在 1903 年曾提出将乌干达作为犹太人的民族家园，还在 1906 年会见了犹太复国主义运动的领袖哈依姆·魏茨曼。

魏茨曼试图劝说这位来自伊顿公学的苏格兰和英格兰贵族之子相信，数百万犹太人希望返回锡安，返

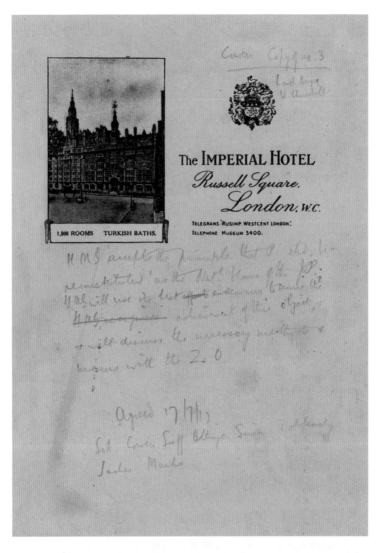

✡ 1917年《贝尔福宣言》的手稿，由英国外交大臣贝尔福勋爵写给罗斯柴尔德勋爵。该宣言称："女王陛下支持在巴勒斯坦为犹太民族建立一个民族家园，并将尽力促成这一目标的实现，需要明确说明的是，不得损害巴勒斯坦现有非犹太团体的公民和宗教权利，也不得损害任何国家中犹太人所享有的权利和政治地位。"

✡ 1922 年，在法国驻日内瓦领事馆花园，参加国际联盟第三届大会的法国代表团合影。

回耶路撒冷。然而，贝尔福回应说，他所认识的犹太人——那些嘲笑犹太复国主义是东欧恋物癖的英国犹太领导人——不愿与魏茨曼及其同僚有任何瓜葛。魏茨曼反驳说："但是你遇到的是不正经的犹太人。"

英国人、法国人、侯赛因领导的阿拉伯民族主义者、魏茨曼和大卫·本－古里安领导的犹太民族主义者之间经过了多番磋商，最后决定将约旦河以西的巴勒斯坦委任统治区 23% 的地区作为"巴勒斯坦"（Palestine），而约旦河以东的 77% 的地区作为"外约旦"（Transjordan）。当委任统治生效时，在犹太复国主义者和英国之间围绕"犹太民族的民族家园"究竟意味着什么有过讨论。部分犹太复国主义者尤其是犹太复国主义组织的总书记纳胡姆·索科洛夫

（Nahum Sokolow）主张，犹太民族家园不是一个完全成熟的犹太国家。在所著《犹太复国主义史》（History of Zionism）中，他写道："'犹太国'从来都不是犹太复国主义计划的一部分。'犹太国'是赫茨尔第一本小册子的书名，它的最大的价值是迫使人们思考。这本小册子出版后就召开了第一届犹太复国主义者大会，大会通过了巴塞尔纲领——这是现存的唯一计划。"

到1922年6月，英国人已经在寻求撤销《贝尔福宣言》的方法。英国殖民部试图压制犹太民族主义，使其不会导致"巴勒斯坦阿拉伯人口、语言和习俗的消失或沦为附庸"以及"犹太民族提出对整个巴勒斯坦的不合理要求"。

费萨尔埃米尔是1920年叙利亚阿拉伯王国的国王，在位136天；他还在1921年至1933年任伊拉克王国国王。作为阿拉伯代表团领袖，费萨尔参加了1919年召开的巴黎和会，他主张应该在曾属于奥斯曼帝国的区域建立一个独立的阿拉伯酋长国。1919年1月3日，费萨尔会见了世界犹太复国主义组织主席哈依姆·魏茨曼，并签订了《关于阿拉伯–犹太合作的费萨尔–魏茨曼协定》。作为该协定的组成部分，费萨尔有条件地接受了《贝尔福宣言》中关于承诺为犹太民族在巴勒斯坦建立一个民族家园的内容。悲哀的是，这种合作精神没能持久，阿拉伯人拒绝接受联合国关于在巴勒斯坦建立犹太国和阿拉伯国的分治计划，阿拉伯人最终向以色列发起了进攻。

英国殖民部也明确表示，与犹太人曾设想的相反，他们的民族家园将不会是委任统治下的整个巴勒斯坦，而是巴勒斯坦特定的某些部分。直到第二次世界大战之初，这一问题破坏了英国人与巴勒斯坦犹太人和阿拉伯人之间的关系。

1937年，英国设立了一个皇家委员会，由皮尔勋爵率领，来寻求一次性解决该问题，并让所有人满意。他提议，在委任统治下的巴勒斯坦建立两个国家，一个是犹太国，另一个是阿拉伯国。虽然外约旦的阿卜杜拉埃米尔——后来的国王——敦促犹太人和阿拉伯人领导层接受这一计划，但他们都拒绝了，而且巴勒斯坦阿拉伯人的非正式领袖、穆夫提阿明·胡塞尼哈吉甚至拒绝讨论该问题。

根据1920年召开的圣勒莫会议的规定，巴勒斯坦非犹太群体的权利应得到保障，包括禁止在公民和政治事务上的歧视言行。阿拉伯领导层再三向英国施压，要求赋予他们民族和政治权利，如成立代议制政府，不要赋予犹太人在巴勒斯坦剩余的23%的土地（英国人已留出该区域为犹太民族家园）上享有民族和政治

费萨尔埃米尔在 1919 年 10 月写的一封法文信，信中讨论了犹太人和阿拉伯人在巴勒斯坦问题上的合作事宜。在坚持阿拉伯统治权的前提下，费萨尔赞成在巴勒斯坦建立一个犹太民族家园。

译文：

1919 年 10 月 31 日

S. 莱文博士，犹太复国主义委员会

先生：

很遗憾，我无法应你的邀请协助你进行《贝尔福宣言》发布两周年的纪念仪式事宜。

我很高兴借着这次机会重申我的真诚祝愿，那就是，我希望看到我们两个民族能够同心协力，以致力于东方复兴这一共同的理想。

我们在不幸中团结一致，这个进步和文明的新时代已经向我们开启，我们将继续团结合作。

我们的国家，自由和独立，将从我们两国人民的合作中获益良多，共同的历史将我们紧紧联系在了一起。

犹太民族的发展不能得到阿拉伯民族的同情。

东方是有待完成的一个宏伟使命，对我们两个民族来说也是一种伟大的责任。对致力于实现我们两个民族联合的犹太复国主义领袖的诚意，我和阿拉伯人民对此表示敬重。

我希望你接受上述意见，先生，致以我诚挚的问候。

伊拉克费萨尔一世

✿ 上图：1946 年，在一次爆炸后，英国士兵在耶路撒冷大卫王饭店即英国总部废墟中搜寻幸存者。这次爆炸事件标志着英国委任统治的结束。爆炸由准军事组织"伊尔贡"（Irgun）实施，领导者是后来的以色列总理梅纳赫姆·贝京（Menachem Begin）。

✿ 右图：耶路撒冷基督教青年会的塔楼。在这幅摄于 1900 年的照片上可清楚看到这座塔楼。

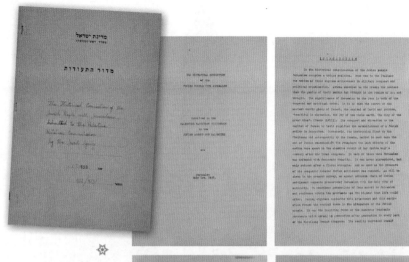

一份题为《犹太民族与耶路撒冷的历史联系》的报告，由犹太代办处于1938年提交给巴勒斯坦分治委员会，作为导致1948年英国托管地结束和以色列建立进程的一部分。

权利。然而，英国将接受托管条款作为改变阿拉伯人宪法地位的先决条件。

在委任统治时期，伊休夫（即巴勒斯坦犹太社团）的人口从占巴勒斯坦总人口的六分之一增至近三分之一。据官方统计，1920年至1945年，367845名犹太人和33304名非犹太人移民巴勒斯坦。这一时期，因欧洲及其他地方的不断迫害，还有 5 万～6 万名犹太人通过非法途径进入巴勒斯坦。

对犹太移民的增长，阿拉伯人感到愤怒和不满，于是英国政府就对犹太移民采取了有争议的限制措施。犹太人感到移民限额太严厉，而阿拉伯人认为英国政府做得还不够。

在英国委任统治时期，犹太和非犹太相比经济增长显著，犹太部门每年增长 13.2%，而阿拉伯部门年增 6.5%。工资也增长了，但犹太人的工资增长远比他们的非犹太邻居迅速——实际增长超过 2.5 倍。

在英国统治的 25 年间，犹太人也设法建立了自治框架，有议会、临时政府（The Jewish National Council，犹太民族理事会）和工会（Histadrut，巴勒斯坦犹太工人总会），还有一套由中央主导的学校系统。

高等教育也蓬勃发展起来，1912 年，理工大学 ①在海法成立，该大学重视自然科学、工程和建筑学；1925 年，希伯来大学在耶路撒冷的斯科普斯山建立。希伯来大学的建校资金来自海外犹太知识分子，校园由苏格兰建筑师帕特里克·格迪斯设计，英国高级专员赫伯特·塞缪尔、哈依姆·魏茨曼教授和贝尔福勋

---

① 即今以色列理工学院（Technion-Israel Institute of Technology），是以色列创建时间最早的大学，也是一所享誉世界的研究型大学。1923 年，爱因斯坦曾到该大学访问，并创建了第一任校董会。

爵参加了奠基典礼。

离希伯来大学不远，有哈达萨医院在斯科普斯山的分院，建于 1938 年。马路对面，有英国在斯科普斯山上的战争公墓，那里长眠着数千名大英帝国士兵，他们是在和奥斯曼土耳其的战争中战死的。

耶路撒冷一直有骚乱发生，1921 年和 1929 年还发生了针对犹太人的攻击和屠杀。20 世纪 30 年代，阿拉伯人对犹太移民的恼怒演变成了全面内战，犹太人成为几个从事基层反英和反犹太复国主义运动的目标。这些活动由一些团体组织，如穆斯林青年男子协会和更为激进的民族主义团体"独立党"（Hizb al-Istiqlal），他们带头呼吁抵制英国商品。这些更为激进的人员进入山区，投入了反对犹太复国主义者和英国的斗争中。

作为回应，犹太人建立了他们自己的半军事化部队"哈加纳"（Hagana），来保护犹太人的城镇、乡村和工业。一些团体，如修正派犹太复国主义组织"伊尔贡"（由弗拉基米尔·泽·亚博廷斯基的追随者组成，他们采取了一种民族主义更为凸显的路线，倡导对英国和阿拉伯人采取直接行动）和极端民族主义组织"斯特恩帮"（Stern Gang），使用游击战来对付英国人和阿拉伯人。

在耶路撒冷，英国人将粉红色的白云石"耶路撒冷石"（Jerusalem Stone）视为城市发展的标准，这一标准一直保留到今天。尽管政局动荡，但那一时期，为了应对犹太移民浪潮，这座城市出现了大规模的建筑热潮。在委任统治期间，公共广场和公园得以蓬勃发展。英国还制定了商业区和住宅区分开的城市区域体系。

在这座城市里，一些著名的——而且现在还很富裕的区域在这一时期发展欣欣向荣，包括莱哈维亚（Rechavia，由包豪斯①建筑师理查德·考夫曼设计）、德国殖民地（最初是德国圣殿骑士团的领地）、塔比亚（Talbiya）和贝特·哈科勒姆（Bet Hakerem）。

耶路撒冷另一个著名的地标性建筑是耶路撒冷基督教青年会所在地，始建于20世纪30年代初，是当时该城最高的建筑。耶路撒冷基督教青年会也是一个体育俱乐部，它面向所有宗教信徒，举办跨社团和多种宗教的表演和集会。耶路撒冷基督教青年会对面是大卫王饭店，它可能是耶路撒冷最好的饭店，于1933年开业。

---

① 包豪斯（Bauhaus）是1919年在德国魏玛建立的一所建筑和艺术学校的名称，这所学校提倡一种被称为包豪斯风格的建筑理念，对现代建筑学产生了深远影响。

英国保守党政治家阿瑟·詹姆斯·贝尔福（Arthur James Balfour）在巴勒斯坦访问犹太定居点。1917 年，贝尔福作为外交大臣给罗斯柴尔德勋爵的信为巴勒斯坦的犹太人建设家园铺平了道路。

阿瑟·贝尔福

　　第一任贝尔福伯爵阿瑟·詹姆斯·贝尔福（1848—1930）是英国保守党政治家，1902 年至 1905 年任英国首相，他在这一时期监督了系列协议，即"挚诚协定"（Entente Cordiale）的签署。1905 年大选落败后，贝尔福继续担任反对党领袖，最终在 1911 年 11 月退休。贝尔福在第一次世界大战期间重回政府，在 1916 年至 1919 年任外交大臣，正是在外交大臣任上，他写下了《贝尔福宣言》。

第二次世界大战

在欧洲爆发第二次世界大战前，巴勒斯坦阿拉伯人在竭力反抗英国委任统治和犹太人的城镇、村庄，他们认为犹太人抢占了他们的土地。

　　1938年，一位最为古怪的英国官员曾穿上制服被派往耶路撒冷，他的目标是教导犹太人如何更好地保卫自身以及英国利益，还有如何反抗阿拉伯人。奥德·温盖特（Orde Wingate）上尉是个《圣经》迷，他站到了犹太人一边，因为"其他所有人都反对他们"。温盖特在靠近雅法门的旧城墙里面的法斯特酒店里开设了商店。温盖特被犹太复国主义者看作"朋友"，阿拉伯人则把他视为敌人，他的英国同僚认为他是鲁莽的怪人，因为在阅读《圣经》章节时，他喜欢赤裸坐着大嚼生洋葱。

　　在阿拉伯人起义期间（起义的高潮是几名阿拉伯战士占领了旧城）和第二次世界大战期间，温盖特——

1936年，为抵制犹太移民，大批巴勒斯坦阿拉伯人卷入了骚乱，后被英国军队驱散。

他在以色列有一个以其名字命名的运动训练中心——训练了近2.5万名巴勒斯坦犹太人执行突袭战术。

在1938年内维尔·张伯伦（Neville Chamberlain）与希特勒签署《慕尼黑协定》后，英国人对犹太人的帮助就几乎结束了。这样一来就使得英国抽出了更多军队来保护大英帝国在巴勒斯坦的利益，也意味着犹太人不再需要担当此角色。1938年10月，阿拉伯人对耶路撒冷旧城的占领以一场巴勒斯坦阿拉伯民族主义者被屠杀而宣告结束。有500名犹太人和150名英国士兵在阿拉伯人的起义中被杀，有5000名阿拉伯人被杀，146人被判处死刑，5万人被捕，5000栋房屋被毁。

此时，战争的阴云正在欧洲上空聚集，张伯伦决定推翻《贝尔福宣言》，试图将阿拉伯人拉到自己一边。张伯伦的推理很简单：犹太人不会支持希特勒，而阿拉伯人可能会。他说："如果我们必须冒犯一方，就让我们冒犯犹太人而非阿拉伯人。"

在犹太人和阿拉伯人之间斡旋来达成协议的努力失败了，随后英国殖民大臣马克科姆·麦克唐纳

✡ 《圣经》迷少将奥德·C. 温盖特（Orde C. Wingate）帮助犹太人在巴勒斯坦建立了自己的防卫力量。

（Malcolm MacDonald）发布了一份白皮书，将犹太人的移民配额予以大幅压缩，规定五年之内每年的移民人数为1.5万人，之后阿拉伯民族主义者有权将其否决。麦克唐纳还明确规定，十年后巴勒斯坦人将取得独立，而且不会出现犹太人的国家。这是当时巴勒斯坦人能够得到的最好的提议，但他们的领袖、耶路撒冷大穆夫提阿明·胡塞尼哈吉却马上拒绝了，胡塞尼后来突然与纳粹结成了同盟（因为他相信德国人将取得胜利，并将犹太人和英国人赶走）。事实上，胡塞尼与希特勒的关系变得非常紧密，希特勒赞赏他的激进反犹观点，并告诉他说，他就站在抗击"犹太权力"的最前线。希特勒向胡塞尼承诺，不仅会让他统治巴勒斯坦和耶路撒冷，还会让他控制整个穆斯林世界。但相反，胡塞尼却被迫在战争中的大部分时间继续逃亡，因为他被英国特工从一个国家追捕到另一个国家。

犹太复国主义领导层也拒绝了白皮书，当时的犹太代办处主席大卫·本－古里安宣称："我们要与英国人并肩抗击希特勒，如同没有白皮书一样；而且我们要反对白皮书，如同没有战争一样。"

在战争期间，根据一位阿拉伯日记作者哈齐姆·努赛贝记载，耶路撒冷正享受着"从未有过的和平和繁荣"。巴勒斯坦阿拉伯民族主义者欢呼德国最初取得的胜利，他们希望有了在叙利亚的维希法国军队以及隆美尔在北非的推进，那些可恶的英国人将被一举击败并被赶走。

另一方面，犹太人正在协助英国人，虽然事实上，包括温盖特上尉的主要犹太同僚摩西·达扬在内的许多犹太复国主义领导人都被英国托管政府关押了起来，这些人由于鼓动犹太人移民巴勒斯坦——有时借助暴力手段，而且这样做会惹怒英国人不愿触怒的阿拉伯人——而被视为恐怖分子。由于轴心国军队日益逼近巴勒斯坦，英国人决定释放温盖特的受训者，并帮助建立哈加纳的突击力量"帕尔马赫"（Palmach），由

❖ 1941 年 12 月 9 日，阿道夫·希特勒在柏林的新帝国总理府会见耶路撒冷的大穆夫提阿明·胡塞尼哈吉。胡塞尼是一个反犹者，他认为希特勒能赢得这场战争，于是希望他帮助赶走巴勒斯坦的犹太人。

达扬（他在叙利亚与维希法国交战时失去了眼睛）和伊扎克·萨德（Yitzhak Sadeh）领导。

对欧洲和其他地方的君主来说，耶路撒冷成了这些有钱人的流亡地，例如希腊的乔治二世、南斯拉夫的彼得以及埃塞俄比亚的海尔·塞拉西都选择了住在豪华的大卫王饭店。"吃喝玩乐"的气氛在耶路撒冷盛行开来，一直持续到 1942 年 10 月"沙漠之狐"隆美尔在阿拉曼被蒙哥马利击败。仅仅一个月后，就传出了欧洲犹太人遭到大屠杀的恐怖消息。

在消息变得更糟之时，犹太复国主义者开始将注意力转移到帮助犹太人逃离纳粹控制的欧洲。凭借白皮书规定配额而颁发的签证，一些移民进入了这片土地，但其中多数人属非法移民，他们从欧洲和中东经陆路和海路抵达了这里。

对犹太人和英国人来说，其中面临的一个主要难题是大穆夫提阿明·胡塞尼哈吉，他是耶路撒冷穆斯林的领袖。胡塞尼是耶路撒冷一个古老家族的后裔，他认为阿道夫·希特勒快要赢得战争，于是决定和这个独裁者共同反对让他们感到可恶的犹太人和英国人。

胡塞尼的反英活动使他成了英国托管当局的打击目标，所以他逃到了伊朗，随后又逃到了意大利，并在那里遇到了墨索里尼，墨索里尼承诺支持他在巴勒斯坦建立阿拉伯穆斯林国家。墨索里尼还明确表示，犹太人在欧洲和巴勒斯坦没有前途，如果他们想建立一个自己的国家，"他们就应该在美国建立特拉维夫"。

从墨索里尼那里，这位穆夫提去了柏林，见到了希特勒，这时传来了消息，说德军在苏联的推进已经停止了。

虽然穆夫提没有从希特勒那里得到支持他统治巴勒斯坦、叙利亚、伊拉克的承诺，但穆夫提明确表示，他和纳粹领袖一样都反对犹太人，希望有一天"在巴勒斯坦……没有犹太复国主义者的踪迹"。

1948 年 12 月，在耶路撒冷的以色列军队指挥官摩西·达扬正在看地图。

摩西·达扬

在战争开始时，摩西·达扬（1915—1981）因在犹太准军事组织"帕尔马赫"的活动而被监禁。但在获释后，他加入了英国军队，并被派去袭击当时受维希法国政府控制的叙利亚。在黎巴嫩南部的一次小规模战斗中，达扬拿起望远镜观察法国阵地。一颗子弹打穿了望远镜，落在了他的眼窝里，从此他失去了一只眼睛——从那以后，达扬不得不戴上了他那标志性的黑色眼罩，他讨厌这个眼罩，因为"它把人们的注意力吸引到了我身上"。和年轻的妻子露丝一起，达扬被送到耶路撒冷接受治疗。后来，他在自传中回忆，他喜欢在耶路撒冷老城的小巷里散步，这是"一个迷人的地方"。

国家地位和首都

随着第二次世界大战在 1945 年的结束，巴勒斯坦再次被置于聚光灯下。此时距结束英国托管仅剩三年，犹太人和阿拉伯人在相互争斗，英国托管当局在谋取主导权。当时，耶路撒冷有超过 16 万居民，其中 10 万是犹太人，3.4 万是穆斯林，其余是基督徒。

随着对平民的攻击越来越严重，犹太人和阿拉伯人之间的斗争手法更加肮脏。例如，梅纳赫姆·贝京领导的"伊尔贡"和极端民族主义组织"斯特恩帮"在巴勒斯坦以外的地方向英国人发起了攻击。"斯特恩帮"杀害了驻开罗的英国大臣莫因勋爵（Lord Moyne），原因是他建议——或许应该在东普鲁士建立一个犹太国家，而非在巴勒斯坦。

英国人对耶路撒冷提出了两项建议。第一，它仍然是英国人的——完全由英国管理；第二，它应被划分，英国控制有争议的圣地。犹太人和阿拉伯人都不

✡ 1948 年 5 月 14 日，英国高地轻步兵团组成仪仗队，欢送高级专员艾伦·戈登·坎宁安爵士离开耶路撒冷。英国在巴勒斯坦的统治时代就此结束。

同意这两个建议。

　　对英国当局来说，一个更紧迫的问题是来自欧洲废墟的大量犹太移民的涌入。大屠杀后，许多犹太人被困在流离失所者营地，他们因为太过害怕一个不确定的未来而不敢回到以前的家园。英国人仍试图安抚阿拉伯人，拒绝让犹太移民进入巴勒斯坦，有时还将非法移民拘留在塞浦路斯或厄立特里亚的拘留营中。

　　在抵达的船只中有"出埃及"号（Exodus，因

1960年保罗·纽曼主演的电影而闻名）。在靠近巴勒斯坦海岸时，英国人突袭该船，船上许多人挤作一团，他们在希特勒的集中营勉强幸存，此时几乎所有人都受了伤。雪上加霜的是，这些想要移民的人被遣送回了德国。

随着巴勒斯坦的冲突愈演愈烈，犹太准军事团体"哈加纳""伊尔贡"和"斯特恩帮"决定将力量联合起来统一指挥，与英国人作战。贝京手下的投弹者袭击了耶路撒冷的目标，其中包括英国托管当局的"犯罪调查处"总部以及俄国大院①的监狱，许多恐怖分子被关押在那里接受审讯。

英国需要找到一条路来走出困境。1946年，一个英美调查委员会成立了，目的是就允许犹太人进入巴勒斯坦达成一致。该委员会设在大卫王酒店，根据工党议员理查德·克罗斯曼的说法，他们在那里被"私人侦探、犹太复国主义代理人、阿拉伯酋长、特派记者们"围住，他们"都在小心翼翼地偷听对方的谈话"。该委员会建议立即接收10万名来自欧洲的犹太难民进入巴勒斯坦，还建议既不要建立一个阿拉伯国家，也

---

① 俄国大院（Russian Compound）始建于1860年至1890年间，由沙俄帝国东正教巴勒斯坦协会发起，目的是为来到耶路撒冷的俄国朝圣者提供服务。它是耶路撒冷旧城外建造时间最早的建筑群之一，内有一座高大的俄国东正教教堂和数座供朝圣者居住的旅馆，曾被用作英国托管当局的行政中心，其中一些建筑是今天部分以色列政府机构的所在地。2008年，以色列政府将俄国大院内的部分建筑移交给了俄罗斯政府。

不要建立一个犹太国家。该委员会指出："为了彻底解决犹太人和阿拉伯人对巴勒斯坦的独占要求，我们认为至关重要的是应明确声明一项原则，即在巴勒斯坦，犹太人不应支配阿拉伯人，阿拉伯人也不应支配犹太人。"

英国人发现，在耶路撒冷很难对付犹太人。因此，1946 年 6 月，赢得阿拉曼战役的蒙哥马利子爵决定镇压叛乱分子，遂发动了"阿加莎行动"（Operation Agatha，犹太人称之为"黑色安息日"），逮捕了 3000 名犹太人。蒙哥马利还把俄国大院变成了一座要塞，犹太人给它起了个绰号"贝文格勒"（Bevingrad），这一绰号得名自令人憎恨的英国外交大臣欧内斯特·贝文（Ernest Bevin），贝文曾要求压制犹太移民。

作为回应，1946 年 7 月 26 日，"伊尔贡"和"斯特恩帮"用藏在牛奶桶里的 250 公斤（约 550 磅）炸药炸毁了英国政府和情报机构所在的大卫王酒店的一角。尽管事实上，恐怖分子在电话中向英国和《巴勒斯坦邮报》（Palestine Post）发出了警告，但仍有 90 多人丧生。

大卫·本-古里安谴责了这次袭击，撤回了主要的犹太机构，还从联合指挥部里撤出了"哈加纳"。英国加强了对犹太叛乱分子的打击，并禁止其士兵到

🔯 1948 年 5 月 14 日，在特拉维夫博物馆举行的制宪会议上，以色列首任总理大卫·本－古里安宣读《以色列独立宣言》。由于战争激烈和被围困，本－古里安未能来到耶路撒冷。

犹太人的餐厅及其他娱乐场所——"用一种犹太民族不喜欢的方式，即敲打他们的钱袋子来惩罚这些犹太人"，英国军队在巴勒斯坦的指挥官伊夫林·休·巴克（Evelyn Hugh Barker）说。为加强预防措施，英国从耶路撒冷撤出了所有非军事人员，这标志着托管时代开始走向终结。

此时，耶路撒冷的阿拉伯人因预料到英国的统治即将结束而变得越来越暴力。1947 年 11 月，联合国通过了"巴勒斯坦分治计划"——其中规定耶路撒冷将"国际化"，此后，激进分子对犹太人发起了猛烈攻击。阿拉伯暴民对犹太人处以私刑，在示威活动中不断听到"屠杀犹太人"（Itbach al-Yahud）的口号。犹太人在耶路撒冷的很多地方遭到枪击，作为报复，"伊尔贡"也向大马士革门附近的阿拉伯汽车站投掷手榴弹。在联合国进行表决的两周内，超过150人被杀，其中包括74名犹太人、71名阿拉伯人和10名英国士兵。英国人似乎不愿意帮忙，他们经常站在阿拉伯人一边，或者在持续袭击时袖手旁观。

耶路撒冷犹太人存在的另一个问题是，在旧城的犹太区被围困的地方，经过卡斯特尔要塞通往这座城市的主要道路在阿拉伯人的控制下，运输车经常成为攻击目标。尽管"哈加纳"在1948年4月设法占领了这座要塞，但阿拉伯人在几天后再次将其夺取，由此实际上封锁了这座城市。

战争中最严重的事件之一是争夺耶路撒冷郊区的阿拉伯村庄代尔·亚辛（Deir Yassin）的战斗，4月9日至10日，"伊尔贡"的小分队杀死了100至250名平民（此后一直在讨论确切数字）。大卫·本-古里安向约旦国王阿卜杜拉进行了道歉（阿卜杜拉拒绝接受道歉），随后一群愤怒的阿拉伯人袭击了前往斯科普

✡ 一个七岁的犹太女孩蕾切尔·利维惊恐地从一条街中逃出，旁边是燃烧的建筑物。在以色列独立战争期间，圣城投降后，阿拉伯人对其进行了劫掠。

✡ 1948 年 6 月 4 日，阿拉伯联军士兵在路障后面向犹太自卫力
量"哈加纳"开火，当时他们正在包围耶路撒冷。以色列国成
立于 1948 年 5 月 14 日。同一天，黎巴嫩、叙利亚、约旦、埃及、
伊拉克等阿拉伯国家的正规军入侵以色列。

斯山上的哈达萨医院的救护车和食品卡车车队。袭击
者还与车队中被肢解的护士和医生的尸体合了影。

　　以牙还牙的攻击一直持续到 1948 年 5 月 15 日英
国撤离巴勒斯坦，当时不是在耶路撒冷这个新国家
的首都，而是在特拉维夫宣布了以色列建国，这样
选择是因为耶路撒冷的局势还不稳定。由于阿拉伯
炮兵驻扎在通往耶路撒冷要道的巴布瓦德（Bab el-

Wad）——"山谷之门"，那里是一个瓶颈——和卡斯特尔要塞，供应品无法运输通过。还有 5000 多名阿拉伯军团士兵，其由 38 名刚刚辞去军职的英国军官精心训练。他们由约翰·巴戈特·格拉布（John Bagot Glubb）将军率领，他后来被称为格拉布帕夏，指挥了约旦军队多年。

阿拉伯军团入侵了"耶路撒冷独立实体区域"（Corpus Sepperatum）——根据 1947 年通过的联合国分治计划，该地区应由国际控制——并入侵了耶路撒冷，切断了旧城的犹太区。在随后的战斗中，耶路撒冷被分裂，犹太人被赶出了他们在旧城的所在区，而在两千年后重生的犹太国一直到 1967 年的六日战争中才得到它最神圣的场所——西墙。

根据 1949 年的停战协议，以色列获得了耶路撒冷城的西部，包括斯科普斯山上的一个享有治外法权的飞地，那里是哈达萨医院和希伯来大学的所在地。哈达萨医院在艾殷卡陵（Ein Karem）重新开业，希伯来大学在吉瓦特拉姆（Givat Ram）设立了校园。约旦人得到了老城和约旦河西岸，尽管协议承诺犹太人可以进入西墙，但这从未兑现。老城墙西部周围地区被宣布为无人区，有时约旦狙击手从曼德尔鲍姆门（Mandelbaum Gate）的墙后向以色列人开枪射击。

大卫·本－古里安宣布以色列国独立时的演讲稿。

然而，耶路撒冷行使着以色列首都的功能，以色列议会（Knesset）和大部分政府机构都设在那里。这座城市的犹太区也发展成了一个文化中心，那里有剧院、博物馆和餐馆。

在约旦一方，生活也在继续，但犹太人和约旦人的仇恨日益加深。1951 年 7 月，阿卜杜拉国王

参观了耶路撒冷旧城（此前他宣称"无人会从我手里拿走耶路撒冷，除非我被杀死"），并登上了岩石圆顶清真寺，他的孙子侯赛因（即后来的约旦国王侯赛因）与他同行，这时他被一个巴勒斯坦民族主义者枪杀。暗杀者认为巴勒斯坦人被哈希姆王朝的贝都因多数民族视为二等公民，并对此感到愤怒，最后国王的保镖杀死了这名刺客。

在这个混合城市里，双方将在不稳定的和平中生活 19 年。

阿卜杜拉国王

约旦国王阿卜杜拉（1882—1951）支持犹太人在巴勒斯坦建立自己的民族家园——但他想成为这个民族家园最终的统治者。他支持 1937 年的皮尔委员会（Peel Commission），该委员会提议将巴勒斯坦划分 20% 的土地给犹太人的国家，剩下的土地给阿拉伯人的国家。甚至在激战正酣时，他还会见了犹太复国主义领导人，包括未来的总理果尔达·梅厄（Golda Meir），他向梅厄恳切地说："你为何如此匆忙宣布建立你的国家？为何不等几年呢？"他提议在哈希姆王国设立一个犹太州，但梅厄拒绝了这一建议。

大卫塔

被称为大卫塔的建筑,位于旧城西门的雅法门内,可能与大卫王并无关联。它的名字来源于拜占庭人的信仰,即拜占庭人认为它确实是大卫这位勇士之王的宫殿。

大卫塔高约 22 米(约 72 英尺),宽 18 米(约 59 英尺),由 16 层每块重达一吨以上的方形巨石砌成。在过去的两千年里,它曾多次被罗马人、拜占庭帝国和十字军基督徒、穆斯林、马穆鲁克以及奥斯曼人所摧毁和重建。

现在屹立于此的塔和城堡可以追溯到公元前 2 世纪,建造它是为了保护耶路撒冷城西入口的一处脆弱部分,其位于锡安山北,是一处高 770 米(约 2526 英尺)的山丘。然而,在这里发现的昔日的要塞遗迹至少可以追溯到 2700 年前(据称是希西家国王在公元前 8 世纪加固了这一地区)。

公元前 2 世纪和前 1 世纪，在哈斯蒙尼王朝国王的统治下，塔周围的防御得到了进一步加强，这些国王（根据罗马犹太历史学家约瑟夫斯的说法）另外又建造了城墙和瞭望塔。希律王在哈斯蒙尼王朝覆灭后，又修筑了城墙和塔楼来保护他在锡安山的宫殿。

在大卫塔内及周围进行的大量考古发掘发现了公元 1000 年初以来的防御工事遗迹。据约瑟夫斯所言，防御工事从城堡延伸到圣殿山，并向东和向南延伸，将锡安山包围起来。

这道墙最早是由犹大国王希西家于公元前 8 世纪末在这一地区建造的。《圣经》详细描述了亚述人入侵犹大前夕圣殿建造的情况："希西家力图自强，修筑了所有拆毁的城墙，高与城楼相齐，在城外又筑一城。"（《历代志（下）》第 32 章第 5 节）。这道墙很宽 [约 7 米（约 23 英尺）]，是由巨大的岩石建造的，其遗迹在山的基岩深处被发现。这一强大防御工事保护了一个新的居住区，该居住区建在耶路撒冷的西南山上，直到那时它只包括大卫城和摩利亚山上的圣殿。公元前 587 年至前 586 年，耶路撒冷被巴比伦人征服，城

✡ 大卫塔被多次修复过。现在这里是一个考古文物博物馆的所在地。

✡ 雅法门，位于大卫塔旁边，通常是游客参观旧城时首先看到的景点。

墙也被破坏。

在一个罗马军团营地的城堡庭院里还发现了一些遗迹，包括带有第十军团——控制耶路撒冷城的卫戍部队——标记的陶土水管，标记名称是 LXF，代表 Legio X Fretensis（意为"第十海峡军团"）。

最高的塔是35米（约115英尺）高的法撒勒（Phasael）塔，现在仍然存在，它是以希律王的兄弟来命名的。另外两座塔已不复存在，其中一座名为米里亚姆（Miriamne），以希律被处死的第二任妻子名字命名；另一座名为希皮库斯（Hippicus），以他的一位朋友名字命名。当罗马人在公元70年征服这座城市时，这座塔被改成了兵营。公元4世纪罗马人接受基督教后，这座塔变成了修道院。而在公元638年征服了这座城堡后，阿拉伯人对其进行了翻修和加固，以至于它在1099年成为十字军的一个严重障碍，只有在阿拉伯人得到保证他们能够平安离开这座城市后，它才被摧毁。十字军增加了护城河和更多的城垛，以保护从西边——约60公里（约37英里）外的雅法哨所——到达耶路

✡ 1918年1月，作为英军在巴勒斯坦的指挥官，"公牛"埃德蒙·艾伦比将军通过雅法门，从而正式进入了耶路撒冷。

撒冷的朝圣者。

　　马穆鲁克在1260年摧毁了这座建筑，但后来又进行了重建。1537年至1541年，奥斯曼人对它进行了翻新和加固，设立了一个炮台，并将城堡作为他们在耶路撒冷驻军的基地，还增建了一座清真寺和一座尖塔。

　　1917年底，埃德蒙·艾伦比将军率领英国军队占

2011 年，一名正统派犹太男子正在穿过旧城城墙和大卫塔建筑群。

领了耶路撒冷，他以大卫塔为宣布胜利的地方。1918年至1948年英国统治期间（包括托管前和托管期间），英国高级专员公署的亲耶路撒冷协会（一个确保城市文化遗产得到保护的机构）清理和修复了这座建筑，并将其用作音乐会和展览的场地。此外，它还是一座巴勒斯坦民俗博物馆。

当阿拉伯军团在1948年第一次阿以战争期间占领这座建筑时，他们将该建筑恢复旧有的角色，即将它作为一座城堡，因为它可以俯瞰以色列控制的耶路撒冷城西。1967年6月，以色列人在六日战争中占领了旧城，该建筑再次成为文化中心和博物馆。它通常是游客从雅法门进入旧城时所看到的第一座建筑。

这座建筑现在是大卫塔耶路撒冷历史博物馆（The Tower of David Museum of The History of Jerusalem）的所在地。该博物馆于1989年由耶路撒冷基金会（Jerusalem Foundation，一个旨在保护耶路撒冷文化遗产的筹款组织）设立，其展出的该城的考古文物可追溯至5000年前。

耶路撒冷的新机构

1965 年，泰迪·科勒克（Teddy Kollek）当选西耶路撒冷市长，当时他担任市长的西耶路撒冷有一半是犹太人，文化生活几乎停滞。1993 年，在经历了五次选举后，科勒克最终失去了市长一职（输给了他的对手、右翼的利库德集团成员埃胡德·奥尔默特），此时，耶路撒冷已经成为以色列面积最大、人口最多的城市，在文化生活方面与特拉维夫并驾齐驱。

出生于匈牙利的科勒克被许多人描述为希律国王以来耶路撒冷最伟大的建设者，在接受《纽约时报》采访时，他曾说："我是偶然进入这个行业的……我感到厌烦。1967 年六日战争中，以色列吞并了耶路撒冷东部的阿拉伯区和旧城后，这座城市得到了统一，我认为这是一个历史性时刻。照看好它，在行动上比以往任何人都更关心它，这是我全部的人生目标。我认为耶路撒冷是犹太历史上的一个至关重要的组成部分。

✿ 耶路撒冷市长泰迪·科勒克正在参观这座城市。在其五个任期内，他为推动耶路撒冷成为国际艺术和文化中心做了大量工作。

一个人没有胳膊或腿也能活着，但不能没有心脏。这是它的核心和灵魂。"

在任市长的 30 多年里，科勒克负责建设了许多文化项目和机构。他是以色列博物馆发展壮大背后的智囊和推动力量。作为以色列博物馆的创始人，他从 1965 年到 1996 年几乎整个市长任期内都在担任博物馆的馆长。1990 年，当这个收藏着《死海古卷》（the Dead Sea Scrolls）等众多藏品的博物馆庆祝其成立 25

周年时，科勒克被授予"Avi Ha-muze'on"（"博物馆之父"）的荣誉称号。

该博物馆是以色列最大的文化机构，被认为是世界上最重要的艺术和考古博物馆之一。它成立于1965年，藏品包罗万象，据估计有大约50万件，时间上涵盖史前到现在。此外，它还以拥有世界上最大量的《圣经》和圣地考古文物收藏而闻名。

阿尔蒙德·巴托斯和弗雷德里克·基斯勒设计的"经籍圣地"是博物馆原址的亮点之一。这里收藏着世界上最古老的《圣经》手稿《死海古卷》和中世纪早期的稀见《圣经》文献。

《死海古卷》由以色列考古学家伊格尔·亚丁（Yigael Yadin）在1947年到1956年间发现，它揭示了很多关于罗马时代耶路撒冷生活方式的信息。图为亚丁于1960年发现的一部古卷的一部分，发现古卷的地方后来被称为"书信洞"，位于死海地区。这是迄今在以色列发现的数量最多的古代文献和私人信件，其中包括西蒙·巴尔·科赫巴（Shimon Bar Kokhba）的手稿，他是犹太人反抗罗马第三次起义（132—135）的领导人。第一次犹太－罗马战争（66—73）后，罗马强化了对犹地亚的控制，导致了与犹太人的关系紧张。很多人相信西蒙·巴尔·科赫巴是犹太人的弥

✡ 约公元前 100 年至公
元 100 年间出现的犹
太社区条例卷轴（被发
现于库姆兰洞穴 1），现
藏于以色列博物馆。

赛亚，认为他能让以色列恢复昔日的荣耀。最初，起义是成功的，并在犹地亚的部分地区建立了一个独立的以色列国家，但最终起义被镇压，犹太人也被禁止进入耶路撒冷。起义后，犹地亚地区的大多数犹太人受到比以前更严厉的对待，他们被杀害、流放或沦为奴隶，犹太人的宗教和政治权威也因此受到严重削弱。

在神龛旁边，有一个展现第二圣殿时期的耶路撒冷的模型。它展示了这座城市在公元66年起义后被罗马人摧毁之前的布局和建筑，为呈现《死海古卷》风貌提供了重要的历史背景。

科勒克曾说，以色列需要一支强大的军队，但也需要文化和文明的表达。作为其中的一部分，他支持耶路撒冷剧院的建立，并在1966年成立了耶路撒冷基金会，这是一个国际非营利组织，旨在提高耶路撒冷所有公民的生活品质。该基金会已经筹集了数百万英镑，用于提高耶路撒冷的文化生活水准。

科勒克还在发展耶路撒冷的《圣经》动物园中发挥了重要作用，该动物园最初在市中心，占地6公顷（约15英亩）。虽然《圣经》中提到的动物、爬行动物和鸟类展览吸引了许多游客，而且在繁殖和保护濒危物种方面也取得了成功，但其占地面积太小了。在

"圣书神龛"，位于以色列博物馆的
侧方，那里保存着《死海古卷》。

科勒克任市长期间，该动物园搬到了泰迪体育场（以科勒克的名字命名的足球场）附近的一个更大的地方，并成为一个最顶尖的机构，那里的动物可以在更大的区域漫步。该动物园现在位于马尔哈附近 25 公顷（约62 英亩）的广阔区域上。科勒克帮助筹集资金，为动物园的大象建造了一个新的围场，并从泰国引进了大象（每只大象的费用为 5 万美元）。为了纪念科勒克市长夫妇，一头公象被命名为泰迪，一头母象被命名为塔玛。

但是，在科勒克担任市长期间，最伟大的事件当属 1967 年的六日战争，当时以色列从约旦手中夺取了耶路撒冷东城，由此得以管理那里成千上万的阿拉伯居民。科勒克非常务实，尽管一些以色列人认为他是

✡ 耶路撒冷表演艺术中心。

✡ 一只名叫尼尔的小长颈鹿，2004年2月出生于耶路撒冷的《圣经》动物园。

亲阿拉伯人的。在以色列占领阿拉伯区的几个小时后，他就下令向阿拉伯儿童提供牛奶。但是，另一方面，他在破坏耶路撒冷的摩洛哥区过程中起到了重要作用，清理行动导致100个家庭无家可归。摩洛哥区位于西墙前，包括几所学校和宗教机构。以色列政府下令拆除它是为了让公众更容易来到西墙。

在担任市长期间，科勒克多次努力与阿拉伯社会接触，这体现了他在宗教事务上的宽容。穆斯林进入阿克萨清真寺和尊贵禁地（即圣殿山）受到了保护，他还反对在耶路撒冷阿拉伯区的中心建立新的犹太社区。卸任后，科勒克越来越担心阿拉伯人在这座城市的待遇，他认为应该让阿拉伯人实行自治。

在市长任期即将结束时，科勒克表示，以色列的阿拉伯人仍然是"二等和三等公民"，他和其他以色列领导人都没有为保障阿拉伯人的权利和提高他们的生活质量做任何事情。在接受以色列日报《国土报》（Haaretz）采访时，他表现出一贯的直率："我们说话心不在焉，从来没有兑现过它。我们一再说，我们将使阿拉伯人与犹太人权利平等——这是空话……列维·艾希科尔总理和梅纳赫姆·贝京总理都承诺了权利平等——但都违背了他们的承诺……他们（巴勒斯坦人）一直是二等和三等公民。"

他也承认自己为所在城市的阿拉伯人做得还不够："胡说！谣传！从未有建设，也从未有发展！在过去的25年里，我确实为耶路撒冷的犹太人做了些事情。但对于东耶路撒冷，我们做了什么？没有！我做了什么？建学校？没有！修人行道？没有！建设文化中心？没有一个！我们确实为他们提供了污水处理设施，改善了供水。你知道为什么吗？你认为（我们这么做）是为了他们好？为了他们的生活质量？都不是！那里曾出现过几个霍乱病例，犹太人害怕霍乱会传染给他们，所以我们安装了污水处理设施和改善了供水……我们未能统一这座城市。"

六日战争

1967 年 5 月和 6 月，中东处在焦躁不安中。埃及总统贾迈勒·阿卜杜勒－纳赛尔（Gamal Abdul-Nasser）发出的煽动性言论加剧了该地区的紧张气氛，许多以色列人担心他们的国家会被摧毁。

　　纳赛尔认为以色列准备对叙利亚发动袭击，于是在 5 月 16 日，他要求联合国紧急部队——自 1956 年苏伊士运河战争后便在该地区维持和平——从西奈沙漠撤离，并开始将他的军队调至与以色列接壤的地带。

　　5 月 22 日至 23 日，纳赛尔关闭了西奈南端的蒂朗海峡，禁止以色列船只通行。以色列认为这是战争的导火索，在这位埃及领袖于 5 月 26 日宣称他的意图是摧毁以色列后，以色列的领袖们做了最坏的打算。6 月 5 日，以色列空军战机对埃及和叙利亚发动了先发制人的打击，在地面上摧毁了两国的空军。实际上，战争就此结束了。

以色列希望约旦人不要加入 1967 年的六日战争。官方记载显示，由于对巴勒斯坦人的疑虑，以色列官员与受过哈罗教育的约旦国王侯赛因建立了相对密切的关系，他们曾多次试图劝阻这位年轻的君主不要与贾迈勒·阿卜杜勒－纳赛尔领导的埃及和叙利亚联手，但无济于事。侯赛因自有盘算，虽然他不相信埃及总统宣称以色列处于被毁灭边缘这一虚张声势的说法，但他认为，如果纳赛尔失败，他会被视为叛徒。

起初，以色列人担心约旦人会利用以色列军队主要部署在南部与埃及人作战这一事实。他们还担心约

✡ 耶路撒冷旧城"苦路"上的以色列士兵。约旦国王侯赛因不顾以色列领导人劝其不要参战的呼吁，站在了埃及的纳赛尔一边，由此失去了东耶路撒冷和约旦河西岸。

✡ 在占领耶路撒冷旧城后，摩西·达扬将军（前排左）、伊扎克·拉宾和其他军事代表在旧城游览。

旦人会包围没有重兵防守的耶路撒冷西部地区，围困那里的 20 万居民。

尽管以色列人请求他们不要进攻，但在埃及人的要求下，6 月 5 日上午 11 时 15 分，约旦炮兵发动了大规模炮火攻击——有人估计发射了 6000 多发炮弹。

在国防部长的命令下，以色列仅用小型武器作出回应，并提出了停火，但约旦认为以色列正处于弱势，拒绝停火。据报道，达扬并不想征服这座城市，因为它的政治和宗教上的复杂性可能在未来几年成为压在以色列脖子上的沉重负担。但是，达扬的看法被否决，6 月 6 日凌晨 2 时 10 分，乌兹·纳尔基斯

✡ 1967 年 6 月 13 日，阿拉伯士兵在被占领的约旦河西岸向以色列军队投降。

以色列军队站在耶路撒冷旧城的建筑旁，这些建筑在六日战争中受到损坏。

（Uzi Narkis）将军和莫迪凯·古尔（Mordechai Gur）上校指挥的以色列伞兵向旧城和东段挺进。他们遇到了约旦人的顽强抵抗，特别是在弹药山（Ammunition Hill）、曼德尔鲍姆门和美国侨民酒店。但当天上午7时30分，这三个据点全被攻占。

随着联合国在6月7日就停火问题展开辩论，以色列政府，尤其是鹰派人物，如以色列自由运动（Herut）领导人（和伊尔贡前领袖）梅纳赫姆·贝京——他在战前参加了政府——意识到留给他们占领旧城和西墙的时间已经所剩不多了。

以色列伞兵迅速占领了旧城以东的橄榄山，并开始向城墙外的客西马尼园进发。以色列军队攻破了城墙，这时古尔上校做了以色列历史上最著名的军事广播之一："圣殿山在我们手中。"古尔手下的伞兵随后与其他部队会合，这些部队攻破了其他地方的约旦防线，至此，夺取耶路撒冷的战斗实际上已经结束。下午2时30分，在进攻开始后不到12个小时，纳尔基斯、达扬和军队参谋长伊扎克·拉宾进入了旧城。

当达扬看到岩石圆顶清真寺顶上有一面以色列国旗时，他下令将其立即取下，他说他不想冒犯穆斯林的感情。这为战后的大部分时期定下了基调。尽管旧城已经在以色列的控制之下，圣殿山和山上的两座神圣的清真寺却被留在了一个伊斯兰信托机构"瓦克夫"的手中。

以色列开始清理西墙前的区域，搬走了穆格拉比区（Mughrabi Quarter，即摩洛哥区），以便犹太人进入。然而，以色列也允许其他宗教管理自身事务，并没有改变多个世纪以来在耶路撒冷宗教场所管理上的一些古老的安排。

耶路撒冷的文化生活

如果你走在耶路撒冷中央的"先知街"，你会看到自 1967 年以色列占领东部地区以来，这座城市变得多么多样化。

你很可能会遇到虔诚的极端正统派犹太人，此时这些犹太人正从邻近的梅阿谢阿里姆区（Meah She'arim Quarter）走出来，在那里，无宗教信仰的来访者被建议要穿着得体，以免引起冲突。

你还会碰见来自附近的埃塞俄比亚教堂和科普特教堂的牧师，此时他们正穿着礼服往返于旧城和那里的修道院及礼拜堂。

另外，来自耶路撒冷东城的巴勒斯坦阿拉伯人会遇到年轻、世俗和时髦的以色列人——而且几乎还是擦肩而过——这些以色列人会去该地区的一些非犹太餐馆。那里也会遇到一些粗鲁轻佻的士兵。你看到的先知街是耶路撒冷的缩影。

✡ 六日战争结束后，耶路撒冷的西墙复归犹太人控制，再次成为犹太人聚集祈祷的地方。莱昂纳德·弗里德摄影。

1967 年六日战争一结束，全世界的犹太人都欢欣鼓舞。这是因为，至少来说，关于以色列建国仅 19 年、大屠杀结束 22 年之后就会被毁灭的担忧是站不住脚的。正统派和大多数的世俗犹太人有更多理由为这座城市感到高兴——自 1949 年与约旦签订停战协定以来，耶路撒冷就一直处于分裂状态，现在以色列首次完全控制了这座城市。犹太人可以再次造访他们在旧城、东部郊区和村庄的那些圣地。

然而，不幸的是，耶路撒冷的被占和重新统一引发了两种截然相反和猛烈对抗的反应。一些犹太人将此次收复耶路撒冷视为弥赛亚时代的开端，并开始在阿拉伯居民区的中心地带建造郊区。这些定居者通常受到以色列士兵的保护，他们相信——事实上仍然相信——通过在耶路撒冷的建设和扩张，他们正在加速弥赛亚的降临。由于历任以色列政府都将在耶路撒冷建设和扩张视为国家的优先工作，定居者没有理由不如此认为。

✡ 这尊由克劳斯·奥尔登堡（Claus Oldenburg）创作的雕塑位于以色列博物馆主展厅的入口外。经过耗资 1000 万美元的整修后，该博物馆于 2010 年 7 月重新向公众开放。

　　与他们对立的是被疏远和愤怒的穆斯林，他们觉得自己被赶出了自己的城市，他们认为这座城市是逊尼派伊斯兰教的第三大圣地。他们率先扛起了纳赛尔的泛阿拉伯主义和巴勒斯坦民族主义旗帜，开始越来越多地支持"埃及穆斯林兄弟会"（Egyptian Muslim Brotherhood）在巴勒斯坦的分支"哈马斯"（Hamas）等领导的原教旨主义运动。

　　局势变得非常紧张，以至于以色列宣布在1967年后不得在耶路撒冷建造隔离墙和分隔墙之后，又建造

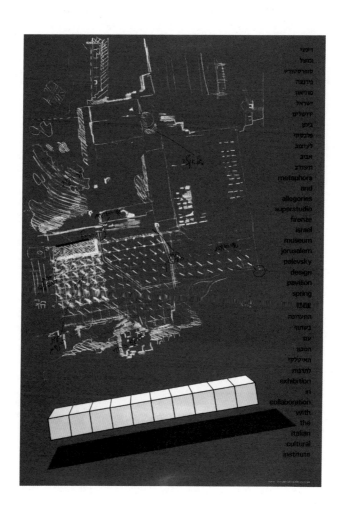

左图：以色列爱乐乐团在位于雅法门的耶路撒冷博物馆开馆仪式上表演。

下图：法国一幅关于耶路撒冷展览的海报，题为"耶路撒冷的隐喻和寓言"，1978年在巴黎的法国蓬皮杜中心展出。近年来，有关耶路撒冷文化和遗产的展览在世界各地都很普遍，显示出世界对这座圣城的兴趣。

了一道这样的墙，被称为安全屏障，这在耶路撒冷的轮廓上留下了一道伤疤。

然而，对于耶路撒冷的 100 多万居民来说，还有很多值得庆祝的事情。过去有人说，耶路撒冷的文化生活始于通往特拉维夫的主干道上的城市出口，那里所有的顶级餐厅、剧院、博物馆，当然还有海滩，吸引了该市大多数世俗精英和现代东正教精英。

但现在情形不同了。今天，人们更有可能从沿海平原到耶路撒冷去体验它的文化内涵。耶路撒冷是数千家餐厅的所在地，从传统的东欧犹太菜肴到最新的混合烹饪潮流，通过一些最好的中东美食，这些餐厅可以满足各种口味。

这座城市有自己的电影档案馆，坐落在锡安山附近的旧城城墙下一个美丽的公园里，在过去 30 年里，这里每年夏天都会举办电影节，吸引了众多顶级好莱坞明星。电影节放映故事片和纪录片，并颁发自己的"奥斯卡奖"。

对于歌剧爱好者来说，这里还有个一年一度的节日，到时会有顶级歌手和管弦乐队来到以色列，在靠近有历史背景的旧城城墙或教堂的地方演出。那时，大卫城堡塔也被用来作为绝佳的背景。

除了以色列博物馆——那里不仅陈列有藏于圣书

神龛的《死海古卷》,还有古代和当代的艺术品展览——耶路撒冷也是许多博物馆的所在地,如《圣经》土地博物馆（the Bible Lands Museum）, 里面有一个独特的手工艺品收藏——这些文物展现了近东的各种文化和文明。对考古爱好者来说,在大马士革门外就坐落着洛克菲勒博物馆,它有大量的手工艺品收藏,这些文物是在英国托管时期被发掘出来的。

耶路撒冷还有一个植物园,那里有来自世界各地的 6000 多种植物。该植物园也是研究植物如何适应耶路撒冷气候（以干燥和炎热为主）的研究中心。这座城市还有一个《圣经》动物园,始建于 1940 年,当时是一个儿童动物园,但现在扩展到了一个占地 25 公顷（约 62 英亩）的公园,坐落于一个美丽的山谷里。

该动物园拥有《圣经》中提到的所有动物——这些动物都可以在动物园的围场里看到,里面甚至还有一些《圣经》中没有提到的动物,如企鹅。

这个无序扩展的城市是以色列面积最大的城市[大耶路撒冷地区占地 647 平方公里（约 250 平方英里）, 包括自 1967 年六日战争后在占领土地上新建设的以色列郊区和居住区,那里有一个综合性的公共运输系统,其中包括一条新的城市轻轨线。

但这也并非没有政治上的问题,巴勒斯坦人抱怨

✡ 位于耶路撒冷的以色列国家大屠杀纪念馆"亚德瓦谢姆"（Yad Vashem）里的"姓名大厅"的穹顶。学校的孩子们经常被带到纪念馆，以提醒他们为什么建立一个犹太人的国家是必要的。

说，这切断了他们和居住区的联系，而他们希望自己的居住区有一天能成为自己国家首都的一部分。

在耶路撒冷，一切都是政治。

亚德瓦谢姆

在耶路撒冷最著名的博物馆中，有一座名叫"亚德瓦谢姆"，是以色列用来纪念在大屠杀中丧生的600万犹太人的。访问以色列的国家元首和政府首脑们的到来，使该纪念馆增色不少。"亚德瓦谢姆"是世界上关于大屠杀最大和最全面的资料库，有5800万页文件和近10万张静态照片，以及数千部影片和幸存者的证词录像。

✡ 2009年5月，在为期8天的圣地行程中，教皇本笃十六世访问了亚德瓦谢姆，并在那里献了花圈，以纪念在大屠杀中丧生的600万犹太人。在这张照片中，教皇正面对着"永恒火焰"祈祷。

图片来源说明

如下机构和个人慨允出版者在本书使用其图片，谨致谢忱。

Akg-Images: 32–33, 35; /Cameraphoto: 62; /Gerard Degeorge: 102; / Israelimages: 83, 84-85; /Erich Lessing: 50, 61; /Ullstein Bild: 118–119

Alamy Images: Nir Alon: 142-143; /The Art Archive: 77; /Russell Kord: 140-141; /Peter M. Wilson: 53

Art Archive: Pharaonic Village Cairo/Gianni Dagli Orti: 59

Bridgeman Images: Archives Charmet/Bibliotheque Nationale: 76-77; / Bibliotheque Nationale: 63; /Centre Historique des Archives Nationales/ Giraudon: 105; / The Israel Museum: 138-139; /Look and Learn: 14; / Corporal Henry Phillips/Palestine Exploration Fund: 19; /Private Collection: 3; /Zev Radovan: 18-19, 23